Wissen im Wandel

Günther Meinhold

Wissen im Wandel

Wachstum und Verlust von Wissen
im Modell des Wissenswürfels

Bibliografische Information der Deutschen Nationalbibliothek:
Die Deutsche Nationalbibliothek verzeichnet diese Publikation
in der Deutschen Nationalbibliografie; detaillierte bibliografische
Daten sind im Internet über http://dnb.dnb.de abrufbar.

© 2018 Dr. Günther Meinhold
Herstellung und Verlag:
BoD – Books on Demand, Norderstedt

ISBN: 978-3-7460-9750-3

Inhalt

1. Wissen im Wandel

Der Fortgang der wissenschaftlichen Entwicklung
ist im Endeffekt eine ständige Flucht vor dem Staunen.

Albert Einstein

Mit der Dummheit kämpfen Götter selbst vergebens.

Schiller, Die Jungfrau von Orleans

Angetrieben vom wissenschaftlich-technischen Fortschritt, dem Motor unserer technischen Zivilisation, vermehrt sich das Menschheitswissen in wachsendem Tempo. Kaum mehr erinnern wir uns an eine Welt ohne Internet, wie sie vor 25 Jahren noch Normalität war. Und was wären wir ohne Smartphone, Laptop, Notebook und PC? Nicht auszudenken, auf einer Schreibmaschine mit Tippex, das ein miserabler Ersatz für die Del- oder Entf-Taste ist, zu schreiben oder ohne „intelligente" Haushaltsgeräte, Kameras und Autos den Alltag zu meistern; waschen sie doch unsere Hemden, Pullover und Kleider flauschig weich, berechnen Entfernungen und Belichtungszeiten oder helfen, den Elchtest zu bestehen.

Vor einhundert Jahren - und die restlichen Jahrtausende Menschheitsgeschichte davor - gab es die meisten der heute selbstverständlichen Produkte und Dienstleistungen noch nicht. Erst im Industriezeitalter entstanden in historisch kurzer Dauer die Grundelemente einer technischen Infrastruktur und eine Vielzahl technischer Erzeugnisse. Das jetzige Angebot ist jedoch nicht nur reichhaltiger als früher, sondern auch qualitativ anders. Denn neben materiellen Produkten enthält es zunehmend immaterielle Güter wie Computerprogramme, Apps, Filme, Handy-Klingeltöne oder Finanzprodukte. Der Stoff, soweit dieses Wort überhaupt angebracht ist, aus dem diese geistigen Erzeugnisse bestehen, sind Daten, Informationen und Wissen. Und ein neuer Industriezweig, die IT-Industrie, ermöglicht und automatisiert ihre weltweite Verarbeitung. Die „alte" Industriegesellschaft hat sich verändert und muss der Informations- und Wissensgesellschaft und der Digitalisierung - wie das neueste Schlagwort für den Umbruch lautet - Platz machen.

Im Gegensatz zur industriellen Warenproduktion mit ihren Anlagen, Fabriken, Verkehrsinfarkten, der Lärmbelästigung und Luftverschmutzung scheint Wissen sauber zu sein. Von einer Wissensgesellschaft erhofft man sich deshalb den materiellen Wohlstand der Industriegesellschaft ohne negative Nebenwirkungen. Was eine Wissensgesellschaft ausmacht und wann die Industriegesellschaft zur Wissensgesellschaft wird, wurde noch nicht abschließend definiert. Trotzdem oder gerade deshalb wird der Begriff gern benutzt, um Fortschritt und Aufbruchstimmung zu signalisieren.

Doch nicht Namen sind wichtig, sondern der gesellschaftliche Prozess, der eine stetig wachsende Menge an Wissen hervorbringt und eine technische Zivilisation entstehen ließ, die ohne dieses Wissen nicht funktionieren würde. Und weil die meisten Menschen lieber im warmen Wohnzimmer bei einer Flasche Rotwein sitzen, anstatt in einer zugigen Höhle am Knochen zu nagen, möchten wir den Fortschritt nicht mehr missen. Wissen empfinden wir deshalb als etwas Positives und sein Fehlen als Mangel. Die allgemeine Wertschätzung des Wissens an sich, fernab von jeder konkreten Ausprägung, drückt sich unter anderen darin aus, dass kaum ein Mensch von sich behauptet, unwissend zu sein. Dumm sind scheinbar immer nur die Anderen.

Doch trotz der rasanten technischen Entwicklung und des explosionsartig anwachsenden Wissens oder gerade deswegen werden Menschen unwissender. Denn sie können dem Wissensfortschritt nicht folgen, weil sie nicht mehr benötigte Fertigkeiten verlernen oder weil sie erprobtes Wissen gegen unterhaltsameres Halbwissen und Unwahrheiten eintauschen. Der anhaltende Aufstieg des Menschheitswissens geht deshalb einher mit der Rückkehr der Unwissenheit. Denn weder die "intelligente" technische Infrastruktur noch schnelle Computer mit jederzeit verfügbaren Programmen machen die Menschen automatisch wissender und erst recht nicht weise. Schließlich verbessern bequeme Fortbewegungsmittel wie Züge, Autos und Flugzeuge auch nicht die Kondition und Geschmeidigkeit ihrer Nutzer. Das Gegenteil ist der Fall. Bewegungsmangel führt zu körperlicher Schlaffheit und zum Verlust motorischer Fähigkeiten. Wieso soll es bei den Denkbequemlichkeiten, die uns Computer zu bieten haben, anders sein?

Milliarden Menschen haben heute per Internet und Smartphone Zugang zu ungezählten Text- und Tondokumenten, Bildern und Filmen, die sie dank preiswerter Software lesen, hören, anschauen, kopieren, verändern und kombinieren können. Auf diese Weise entstehen mühelos neue Aufzeichnungen, die das weltweite Angebot vergrößern. Je nach Absicht und Können der Verfasser sind deren Beiträge von unterschiedlicher Qualität. Es stehen Wissenschaftlichkeit, Weisheit und Klugheit neben Unvollkommenheit, Irrtum, Propaganda, Täuschung, Lüge, Aberglauben und Unsinn. Und statt der klaren Trennung zwischen Wissen und Unwissen sowie Wahrheit und Lüge finden wir gleitende Übergänge zwischen diesen Extrema. Die wachsende Informationsfülle macht die Menschheit deshalb nicht unbedingt klüger, sondern führt zu einer neuen Art von Unwissenheit und Dummheit. Deren Ursache ist nicht Informationsmangel, sondern das Übermaß an Information. Allein die Menge des wirklichen und vermeintlichen Wissens, auf das man per Internet zugreifen kann, relativiert den Nutzen der Einzelinformation. Denn wer auf eine Frage mehrere, für ihn gleich plausible, aber sich widersprechende Antworten erhält, weiß genau so viel wie vorher.

Je mehr Menschen ihre Meinung weltweit äußern können und je leichter es wird, Informationen professionell darzustellen, desto kritischer muss man deren Gehalt sehen. Um zwischen charakteristischen Arten von Wissen und Falschinformationen zu unterscheiden und deren Wert oder Schädlichkeit zu analysieren, habe ich ein Zustandsmodell der Wissensqualität definiert. Ich nenne das Modell „Wissenswürfel", da seine Wissenszustände von der *Tiefe*, *Breite* und *Strukturiertheit* des Wissens abhängen, also von drei Dimensionen, wie sie auch ein Würfel besitzt.

Anhand des Wissenswürfels werde ich die Möglichkeiten aufzeigen, wie aus Unkenntnis wertvolles und weniger wertvolles Wissen entsteht, aber auch die nicht minder zahlreichen Wege beleuchten, auf denen Wissen verloren geht und Strategien vorschlagen, um dem entgegenzuwirken.

Im folgenden Kapitel des Buches beschreibe und erläutere ich den *Wissenswürfel* als Zustandsmodell des Wissens und seine Erweiterung für korrespondierende Zustände der Unwissenheit und Falschheit. Das darauffolgende Kapitel zeigt – zunächst am Modell und dann anhand von Beispielen und Einzelthemen – auf welchen Wegen sich das Wissen vermehrt und wie parallel zum explosionsartigen Wachstum des Menschheitswissens neue Formen der Unwissenheit um sich greifen und längst überwunden geglaubte, unwissenschaftliche oder schlicht unsinnige Meinungen und Ansichten auferstehen. Insbesondere betrachte ich in diesem Kapitel den Wissensverlust (der Menschen) durch Automatisierung und Digitalisierung und den Wissenstransfer zu Softwaresystemen. In einem weiteren Kapitel untersuche ich die Irr- und Königswege der „Softwareentwicklung" und ihr Abbild im Wissenswürfel. Im letzten Kapitel werfe ich einen Blick auf das Wissen von morgen.

2. Der Wissenswürfel - Ein Zustandsmodell der Wissensqualität

Alles Gescheite ist schon gedacht worden,
man muss nur versuchen, es noch einmal zu denken.

Goethe, Sprüche in Prosa: Maximen und Reflexionen

Wir verwenden den Begriff "Wissen" ohne darüber nachzudenken, wie ihn Philosophen, Wissensmanager oder Naturwissenschaftler definiert haben. Wozu auch! Denn aus dem Zusammenhang eines anschaulich geschilderten Sachverhaltes verstehen wir meist, was ein Gesprächspartner, Autor oder Redner meint. Das ändert sich erst, wenn man Zusammenhänge und Gesetzmäßigkeiten, die über die Beschreibung von Einzelbeispielen, Ereignissen oder Fakten hinausgehen, erkennen und diskutieren will. Dann kommt man ohne Begriffsdefinition nicht aus. Es gibt jedoch keine einfache Erklärung des Begriffs „Wissen", weshalb man es lieber sortiert oder klassifiziert. Hier einige Beispiele:

- Wissen, welches man aufschreiben kann wie eine Bauanleitung oder ein Kochrezept wurde von Michael Polanyi [1] *„explizit"* genannt. Im Gegensatz dazu besteht das *implizite Wissen* aus Fertigkeiten und Fähigkeiten, die wir beherrschen, ohne genau sagen zu können, wie und warum sie funktionieren.

- Ryle [2] unterscheidet folgende drei Arten von Wissen: das Wissen über Tatsachen und Sachverhalte, das er *„Faktenwissen"* nennt, das Wissen über Abläufe und Algorithmen mit der Bezeichnung *„Anwendungswissen"* und das *„Handlungswissen",* das für individuelles Können steht und dem impliziten Wissen ähnelt.

- Eine verbreitete, formale Klassifizierung von Wissen erhält man durch die alphabetische Sortierung von Themen und Sachverhalten.

Über die Qualität des Wissens und dessen Brauchbarkeit für einen bestimmten Zweck sagen die obigen Kategorien zunächst nichts aus, es sei denn man setzt stillschweigend voraus, dass das Wort „Wissen" Brauchbarkeit impliziert.

Doch Wissen hat mehr Zustände als Sein oder nicht Sein. Es entwickelt sich allmählich und verschwindet nicht plötzlich. Fast unbemerkt kann es entgleiten, und mitunter bleibt wie bei einem glänzenden, aber wurmigen Apfel nur der äußere Schein zurück.

Wissenshüllen wie Phrasen, leere Wahlversprechen oder Handbücher zur vollkommenen Erleuchtung; Seminarangebote und Preisliste – ohne Mehrwertsteuer – inbegriffen, gaukeln Kompetenz und Weisheit vor. Gemeinsam ist ihnen die Oberflächlichkeit und Vordergründigkeit der Meinungen und Aussagen. Es fehlen Tiefe und Substanz.

Durch die Tiefe seines Wissens zeichnet sich der Spezialist aus. Seinem Gegenpart - dem Generalisten - bescheinigt man hingegen ein breites Wissen. „Breite" und „Tiefe" sind geometrische Begriffe, mit denen man die Dimensionen des Raumes bezeichnet. Wir kennen noch eine dritte räumliche Dimension, die Höhe. Dieser ordne ich ein weiteres Wissensmerkmal zu: die Strukturiertheit. Denn strukturiertes Wissen ist von höherem Wert als unstrukturiertes, weshalb man die Einträge in einem Wörterbuch, einem Lexikon oder Telefonbuch auch alphabetisch sortiert. Anderenfalls wäre das dort gespeicherte Wissen nutzlos, da man schlimmstenfalls alle Einträge lesen müsste, um den gesuchten zu finden.

Die drei Größen "Breite", "Tiefe" und "Strukturiertheit" definieren einen Zustandsraum von Wissenszuständen. Der „räumliche" Zusammenhang zwischen allen Zuständen ermöglicht „gleitende" Übergänge zwischen den verschiedenen Arten und Qualitäten des Wissens. Die Gesamtheit aller möglichen Wissenszustände kann man als

Würfel darstellen, weshalb ich das skizzierte Zustandsmodell "Wissenswürfel" nenne. Der Wissenswürfel vereint viele bislang nur einzeln betrachtete Erscheinungen im Rahmen eines gemeinsamen Modells, anhand dessen sich vielfältige Formen und Spielarten der Wissensentwicklung und des Wissensverlusts klassifizieren, bewerten und diskutieren lassen.

Im Modell unterscheide ich zwischen wahren und unwahren Informationen. Denn zu jedem Wissenszustand existiert ein Zustand der Unwissenheit, so dass dem Wissenswürfel - als sein Spiegelbild - ein Zustandsraum der Unwissenheit gegenübersteht. Das Gesamtmodell ermöglicht die gemeinsame Sicht auf Prozesse, die das Wissens mehren, und auf Erscheinungen und Vorgängen, die zum Verlust von Wissen führen oder dessen Aufbau hemmen.

Der Zustandsraum des Wissens

Von der Stufenleiter zum Zustandsraum

Wissenskategorien teilen Wissen nach bestimmten Merkmalen ein:

- dokumentierbar – nicht dokumentierbar
- Prozesse – Fakten
- Fragewörter: Was, Wie, Wozu, Wo, Wer, Wann

Die qualitative Entwicklung vom Nicht-Wissen zum vollständigen Wissen kann man anhand dieser Klassifizierungen nicht aufzuzeigen. Dazu braucht man zumindest Wissensstufen, die den erreichten Status anzeigen. Bohn [3] beschreibt auf diese Weise die Wissensentwicklung für das technologische Wissen zur Prozessbeherrschung.

Nr.	Stufe des technologischen Wissens zur Prozessbeherrschung	
1	Vollständige Ignoranz	auf dieser Stufe liegt noch keinerlei Wissen vor
2	Bewusstsein	es erwächst ein Bewusstsein für die Existenz von Prozessvariablen
3	Messen	Prozessvariable können gemessen, aber nicht kontrolliert werden
4	Mittelwertkontrolle	Prozessvariable können wenig präzise kontrolliert werden
5	Prozessfähigkeit	Exakte Kontrolle der Prozessvariablen
6	Prozessbeschreibung	das Wissen, wie sich kleine Änderungen der Prozessvariablen auf das Ergebnis auswirken (Know-how)
7	Wissen weshalb	Verständnis des Prozesses in einem größeren Zusammenhang. Interaktionen zwischen den Prozessvariablen und anderen Einflussgrößen sind bekannt
8	Vollständiges Wissen	Prozessvariablen und Umwelteinflussgrößen sind vollständig bekannt. Jegliche Probleme können bereits vor ihrer Entstehung gelöst werden.

Tabelle 1 Entwicklung des technologischen Wissens zur Prozessbeherrschung

In den folgenden Kapiteln werde ich Wissen gleichfalls in seiner Entwicklung betrachten. Allerdings nicht anhand von Wissensstufen, sondern innerhalb eines dreidimensionalen Zustandsraumes. Wie in einem richtigen Raum gibt es dort weitaus mehr Bewegungsfreiheit als auf einer Stufenleiter.

Steigt man auf einer gedachten Wissensleiter nach oben, führt der nächste Schritt zu einem höheren Wissensniveau. In Räumen ist das anders. Dort gibt es viele Richtungen. Und wenn die Richtung nicht stimmt, geht man vorwärts und entfernt sich dennoch weiter vom Ziel. Anhand eines räumlichen Modells kann man deshalb die vielfältigen Wege, auf denen sich Wissen entwickelt oder vergeht, anschaulich beschreiben.

Zustandsmodelle öffnen den Blick fürs Ganze

In der Praxis hat die Wissensentwicklung viele Gesichter. Und diese scheinen sich allein schon wegen der unermesslich großen Zahl an Wissensgebieten, Einzelheiten, Fakten und Informationen sowie der ebenso großen Zahl potenzieller Wissensträger einer Bewertung im Großen zu entziehen. Wir befinden uns diesbezüglich in einer ähnlichen Situation wie die Physiker, wenn sie die Beschaffenheit eines Gases oder Körpers mit den Eigenschaften seiner Atome und Moleküle in Beziehung setzen wollen.

Als Hilfsmittel zur Beschreibung von Festkörpern oder Gasen benutzen Physiker Zustandsgrößen wie Temperatur, Druck und Volumen. Deren Werte sagen zwar nichts über das einzelne Atom oder Molekül aus, jedoch über den Zustand des Körpers oder Gases als Ganzes und dessen Zustandsänderungen. Die Temperatur eines Gegenstandes ist zum Beispiel ein Maß für die mittlere Bewegungsenergie seiner Atome. Erhitzt man ihn, dann haben die Atome eine im Mittel größere Energie, die man als Temperaturerhöhung messen oder fühlen kann.

Im Modell des Wissenswürfels wird der Zustand einer großen, aus vielen Einzelinformationen bestehenden, Wissensmenge ebenfalls durch wenige Zustandsgrößen - Tiefe, Breite und Strukturiertheit - beschrieben. Ordnet und sortiert man chaotische Informationen, erhöht sich die Strukturiertheit der Wissensmenge und ihr Zustand ändert sich. Diese Veränderung kann man bemerken – und mitunter sogar messen - ohne die Eigenschaften und Inhalte der Einzelinformation kennen zu müssen. Denn für viele praktische Zwecke reicht es völlig aus, die Zustandsgrößen und ihre Veränderungen zu ermitteln oder zu prognostizieren. Außerdem kann ein Ensemble aus sehr vielen Teilen völlig neue Eigenschaften, die sich erst aus dem Zusammenhang und den Beziehungen der Teile ergeben, besitzen. Zustandsvariable sind deshalb unter anderem ein Mittel, um die Detailfülle zu reduzieren, und so den Blick frei zu machen, für größere und qualitativ andere Zusammenhänge.

Klimaforscher simulieren beispielsweise die Erwärmungs- und Abkühlungsprozesse der Erdatmosphäre und versuchen, mit immer aufwändigeren und reichhaltigeren Modellen vorauszusagen, wie sich das Klima entwickeln könnte und welche Temperaturverteilung sich aus ihren Modellannahmen auf der Erde ergibt. Und, fast noch wichtiger, bemühen sie sich, diejenigen Prozesse und Ursachen zu erkennen, die das künftige Erdklima destabilisieren könnten. Denn dort sollten die heute lebenden Menschen mit Sachverstand und Augenmaß und ohne Panikmache und ideologische Verblendung ansetzen, um das Risiko einer künstlichen, negativen Klimaveränderung zu begrenzen.

Will man die Chancen und Risiken der Wissensentwicklung in Unternehmen, Institutionen oder der Gesellschaft untersuchen, kann man sich die Klimaforscher zum Vorbild nehmen und sich auf diejenigen Prozesse, Erscheinungen und Bedingungen konzentrieren, die den Wissenszustand von Menschengruppen verändern.

Die Einzelphänomene, in denen man einen Verlust an Wissen zu erkennen glaubt, lassen sich mit Hilfe des Zustandsmodells des Wissens in ein gemeinsames Schema einordnen. Auf diese Weise kann man nicht nur feststellen, von welcher Art der Wissensverlust ist, sondern auch die Qualität dieses Verlustes ermessen, und vor allem verstehen, wie sich gewünschte und unerwünschte Änderungen des Wissenszustandes beziehungsweise der Wissensqualität auswirken.

Je konkreter das Wissensgebiet ist, desto präzisere Aussagen sind möglich. Zum Beispiel kann man mit Hilfe des Wissenswürfels sehr anschaulich demonstrieren, warum bestimmte Methoden der Softwareentwicklung erfolgreich sind und weshalb andere zu gescheiterten Projekten oder schlechten Produkten führen. Ich werde darauf noch in einem späteren Kapitel zurückkommen.

Die Definition der Wissenszustände

Wenn man nichts weiß, befindet man sich im Zustand der *Unkenntnis*. Weiß man hingegen alles, dann hat man den Zustand des *Umfassenden Wissens* erreicht. Bohn bezeichnet die entsprechenden Wissensstufen gemäß Tabelle 1 als *vollständige Ignoranz* beziehungsweise *vollständiges Wissen*. Zwei Zustände sind allerdings zu wenig für ein brauchbares Zustandsmodell.

Um ausreichend viele Wissenszustände zu erhalten, definiere ich deshalb jeden Zustand durch drei Merkmale[1]:

- die **Breite** des Wissens
- die **Tiefe** des Wissens
- die **Strukturiertheit** des Wissens

Die Merkmalswerte können jeweils zwischen den Beträgen *gering* und **groß** variieren. Die beiden Grenzzustände *Unkenntnis* und *Umfassendes Wissen* werden durch die Kombinationen

geringe Breite, geringe Tiefe, geringe Strukturiertheit

beziehungsweise

große Breite, **große** Tiefe, **große** Strukturiertheit

definiert.

---

[1] Mathematiker und Physiker bezeichnen solche Merkmale als Zustandsvariable

Struktu-riertheit	Breite	Tiefe	Zustand	Beschreibung
klein	klein	klein	Unkenntnis	Keine Kenntnisse
klein	klein	**groß**	Detailwissen	Kenntnis von Details eines oder mehrerer Sachgebiete
klein	**groß**	klein	Allgemein-wissen	Umfangreiche, aber wenig tiefgründige Kenntnisse über Dinge aus vielen Sach-gebieten. Im wesentlichen Fakten- und Prozesswissen, aber ohne die Kenntnis von tieferen Zusammenhängen
klein	**groß**	**groß**	Chaotisches Wissen	Umfangreiche ungeordnete und zusam-menhanglose Detailinformationen der verschiedensten Sachgebiete.
groß	klein	klein	Mechanisches Wissen	Kenntnis weniger einfacher Strukturen oder Zusammenhänge. Beispiele für die-se Art Wissen sind: Arbeitstakte an Ma-schinen und Fließbändern, Formulare, einzelne Computerbefehle
groß	klein	**groß**	Spezialisten-wissen	Kenntnis der Details eines einzelnen Sachgebietes. Erkennen oder Festlegen von Strukturen und Regeln bis zu den Details des Sachgebietes.
groß	**groß**	klein	Formales Wissen	Formale Strukturen einer großen Anzahl von Dingen und Sachverhalten
groß	**hinrei-chend groß**	**hinrei-chend groß**	Abstraktes Wissen, System-verständnis	Kenntnis der wesentlichen Strukturen, Verhaltensregeln, Beziehungen, Ge-setzmäßigkeiten von komplexen Syste-men und Sachverhalten
groß	**groß**	**groß**	Umfassendes Wissen, System-kenntnis	Umfangreiche und tiefgründige Kennt-nisse über komplexe Systeme und Sach-verhalte. Kenntnis ihrer Strukturen, Be-ziehungen und Gesetzmäßigkeiten. Sys-temkenntnis, Erkenntnis

Tabelle 2 Charakteristische Wissenszustände

Weitere Wissenszustände findet man formal dadurch, dass man die
möglichen Kombinationen aus den beiden Grenzwerten gering und
groß bildet. Beispielsweise:

geringe Breite, **große** Tiefe, geringe Strukturiertheit oder
große Breite, **große** Tiefe, geringe Strukturiertheit

Ein zusätzlicher Wissenszustand sei:

hinreichend große Breite,
hinreichend große Tiefe,
große Strukturiertheit

Was "hinreichend groß" in diesem Zusammenhang bedeutet, werde
ich später noch erläutern, vereinfacht heißt es, von einer Sache das
Wesentliche, aber keine Details zu kennen.

Jeder Wissenszustand erhält einen anschaulichen Namen. Zusammen mit einer kurzen Erläuterung sind alle Definitionen in Tabelle 2 zusammengefasst.

Mit Hilfe der auf diese Weise definierten Wissenszustände kann
man Wissen nach Tiefe, Breite und Strukturiertheit klassifizieren. Die
Einteilung folgt allein aus den strukturellen Merkmalen einer Wissensmenge und gilt - Im Gegensatz zu den Modellen von Polanyi[1],
Ryle und Baumgartner [2] oder Bohm[3] - für jede Art von Wissen,
unabhängig davon, was es beinhaltet, wer der Besitzer ist und wie es
gespeichert wird.

Die Wissensmerkmale Breite, Tiefe und Strukturiertheit (=Höhe)
legen es nahe, die Wissenszustände in Form eines Würfels anzuordnen. Auf diese Weise erhält man ein anschauliches Modell, das den
Namen Wissenswürfel rechtfertigt. In Abbildung 1 ist der Wissenswürfel zu sehen.

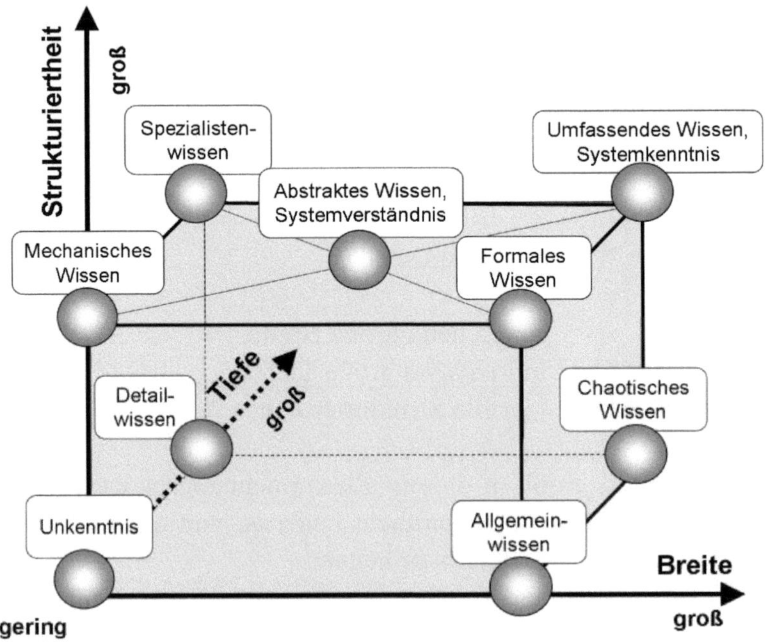

Abbildung 1 Der Wissenswürfel als Zustandsraum

Die Grenzen des Zustandsraums

Für die untere und obere Grenze der Zustandsvariablen des Wissens habe ich bewusst die etwas unscharfen Bezeichnungen "gering" und "groß" gewählt. Zum einen ist das für eine qualitative Beschreibung völlig ausreichend, und zum anderen gibt es auch in der Praxis oft keine scharfen Unter- und Obergrenzen.

Nur bei messbaren Wissensmengen kann man die Grenzwerte "gering" und "groß" durch Angabe von Maßzahlen und Maßeinheiten konkretisieren. Dazu ein Beispiel.:

Die zu messende Wissensmenge bestehe aus den Kundendaten eines Unternehmens. Die Wissensbreite ist dann proportional der An-

16

zahl an Kunden. Was das Unternehmen als geringe und große Wissensbreite festlegt, wird davon abhängigen, welche Kundenbasis benötigt oder angestrebt wird. So kann für einen kleinen Handwerksbetrieb der Wert "groß" bei > 100 Kunden liegen, für ein mittleres Unternehmen bei > 1000 und für einen global tätigen Konzern erst bei mehr als zehn Millionen. Da die Wissensbreite messbar ist, lässt sich aber in jedem Fall ein konkreter Grenzwert definieren. Für die Wissenstiefe gibt es kein allgemeines und aussagekräftiges Maß, wie es die Kundenzahl ist. Je nach Verwendungszweck muss deshalb die Skala definiert werden. Im Beispiel misst man die Wissenstiefe in fünf Stufen:

Wissenstiefe	Kundeninformation
1	Name und Adresse
2	+ Telefonnummer und E-Mail-Adresse
3	+ Alter
4	+ Beruf
5	+ Familienstand

Stufe 5 entspricht der größten Detailfülle und somit dem Attribut "groß" der Wissenstiefe. Eine entsprechende Skala für die Strukturiertheit des Wissens über die Kunden sieht wie folgt aus:

Strukturiertheit des Wissens	Kundeninformation
0	Nicht sortiert
1	Sortiert nach Namen und Adresse
2	+ Sortiert nach Beruf, Alter, Familienstand
3	+ Zusatzinformationen für regionale Zuordnung
4	+ Regeln zur Kunden- und Bedarfsanalyse

Die Strukturiertheit wächst mit steigender Maßzahl. Besitzt das Unternehmen in seinen Teilbereichen verschiedene Kundenstämme, die separat erstellt und gepflegt werden, dann werden die Bestände mit der Strukturiertheitsstufe 5 den höchsten Nutzen bringen.

Ohne die Kenntnis des Inhaltes und der Darstellung von Wissensmengen kann man Wissen nicht messen, sondern nur mehr oder weniger gut bewerten. Nicht anders als beim Messen der Temperatur mit ihren zahlreichen - von Temperaturbereich, Stoff oder Messort abhängigen – Messmethoden, wird man deshalb spezielle Messverfahren für konkrete Wissensmengen entwickeln müssen.

Ein erster Schritt in Richtung Messbarkeit besteht in der Definition geeigneter Messgrößen. Erst wenn man weiß, was man messen kann und welche Bedeutung bestimmte Konstellationen von Messwerten haben, lohnt es sich, über geeignete Messverfahren nachzudenken.

Das Modell des Wissenswürfels liefert keine Messvorschriften, aber Hinweise auf Messgrößen und deren Bedeutung.

Die charakteristischen Zustände des Wissenswürfels

Der Wissenswürfel stellt einen Raum dar – den Zustandsraum des Wissens. In Räumen kann man sich bewegen und von Ort zu Ort gehen. Im Wissenswürfel bedeutet ein Ortswechsel die Veränderung des Wissenszustandes. Alle Wege führen nach Rom, sagt das Sprichwort, aber nicht alle Wege im Wissenswürfel führen zu umfassendem Wissen und Erkenntnis. Es gibt Sackgassen und es existieren Wege, auf denen man Wissen verliert. Bevor ich näher auf die Wege im Wissenswürfel eingehe, werde ich seine charakteristischen Wissenszustände beschreiben. Ich beginne beim Zustand *Unkenntnis* und folge der Aufzählung von Tabelle 2.

Unkenntnis

Strukturiertheit	Breite	Tiefe
klein	klein	klein

Unkenntnis liegt vor, wenn man über ein Sachgebiet nichts oder äußerst wenig weiß. Das muss nicht der schlechteste Ausgangspunkt sein. Denn wer nichts weiß, aber neugierig und aufgeschlossen gegenüber Neuem ist, hat gute Chancen, den Zustand der Unkenntnis schnell zu überwinden. Wer in Unwissenheit verharrt und weder fähig noch willens ist zu lernen, dessen Unkenntnis muss man hingegen der Dummheit zuordnen.

Detailwissen

Die Bezeichnung „Detailwissen" steht für einen Zustand, in welchem man über einige wenige Dinge sehr viel weiß, ohne dass die Einzelheiten strukturiert oder geordnet sind.

Strukturiertheit	Breite	Tiefe
klein	klein	**groß**

Die Details dürfen zu verschiedenen Sachgebieten gehören und brauchen in keinem Zusammenhang zu stehen. Detailwissens ist eine der Voraussetzungen für erfolgreiches Handeln und gebrauchsfähige, funktionierende Produkte. Mangelnde Detailkenntnisse führen zu schlechter Qualität und Oberflächlichkeit. Die Überbewertung von Details, die sich in der Detailverliebtheit äußert, versperrt hingegen den Blick fürs Ganze und hemmt die Wissensentwicklung.

Allgemeinwissen

Strukturiertheit	Breite	Tiefe
klein	**groß**	klein

Allgemeinwissen besitzt geringe Strukturiertheit und Tiefe, aber beträchtliche Breite. Diese Art Wissen gibt uns einen Überblick über verschiedene Sachverhalte. Doch tiefer gehende Kenntnisse und eine bewusste Ordnung sind nicht vorhanden. Allgemeinwissen entsteht unter anderem aus der Alltagserfahrung und ist deshalb oftmals praxisverbunden. Seine praktische Ausrichtung kann jedoch zu Vorurteilen gegenüber Neuem, Ungewohnten und Unbekannten führen, wenn dieses den bisherigen Erfahrungen widerspricht.

Chaotisches Wissen

Strukturiertheit	Breite	Tiefe
klein	**groß**	**groß**

Wissen von großer Breite und großer Tiefe, aber ohne Strukturiertheit und Ordnung bezeichne ich als Chaotisches Wissen. Der Wert des Chaotischen Wissens besteht in seiner Informations- und Datenfülle. Sein Nutzen ist jedoch begrenzt. Denn die brauchbaren Informationen können durch minderwertige verdeckt sein, so wie der einzige echte Diamant in einem Sack voller gefälschter Exemplare. Im schlimmsten Fall drohen Informationsflut und Informationskollaps, welche die schlechtesten Formen des Chaotischen Wissens darstellen.

Mechanisches Wissen

Strukturiertheit	Breite	Tiefe
groß	klein	klein

Detailwissen und Allgemeinwissen sind uns aus der täglichen Erfahrung vertraut. Man würde diese Wissenszustände wahrscheinlich auch ohne das Zustandsmodell des Wissenswürfels in ähnlicher Weise definieren. Ein Zustand, in welchem Wissen von geringer Tiefe, geringer Breite, aber hoher Strukturiertheit vorliegt, ist jedoch nicht typisch für menschliches Wissen. Bei Maschinen, Automaten und formalisierten, einfachen Vorgängen ist solcherart Wissen aber die Regel. Ich nenne dieses Wissen – wegen seiner Dominanz bei Maschinen - Mechanisches Wissen. Ausführbare Computerprogramme bestehen aus vielen sehr einfachen, strukturierten Einzelbefehlen. Befehle sind ein Beispiel für Mechanisches Wissen. Weitere Beispiele sind die Bedienschritte von Maschinen, Takte am Fließband und einfache Formulare. Der Vorteil und Nutzen des Mechanischen Wissens besteht in seiner Einfachheit und Klarheit. Der Vorteil wird für den Menschen zum Nachteil, wenn das Mechanische Wissen und die mit ihm verbundenen Handlungen zu Abstumpfung und Bürokratie führen.

Spezialistenwissen

Strukturiertheit	Breite	Tiefe
groß	klein	**groß**

Spezialistenwissen ist strukturiertes Detailwissen. Die Einzelheiten eines bestimmten Sachgebietes sind bekannt und in Zusammenhang gebracht. Seine Strukturen und Gesetzmäßigkeiten wurden bis ins Detail aufgedeckt oder festgelegt. Spezialistenwissen wird benötigt, damit Abläufe und Produkte nicht nur reibungslos funktionieren, sondern auch verstanden werden. Sich widersprechende Einzelregeln können allerdings dazu führen, dass ein größeres Ganzen nicht funktionsfähig ist, weil seine Teile nicht zusammenpassen.

Formales Wissen

Als Formales Wissen bezeichne ich eine größere Menge Einzelkenntnisse über Dinge und Sachverhalte, die nach äußeren oder willkürlichen Merkmalen strukturiert wurden. Tieferes Wissen über die inneren, wesentlichen Zusammenhänge und Strukturen ist nicht vorhanden. Obwohl sehr anschaulich und leicht verständlich, führt Formales Wissen nicht notwendig zu neuen Erkenntnissen. Im Gegenteil, muss man diesen Wissensstatus recht kritisch betrachten.

Strukturiertheit	Breite	Tiefe
groß	**groß**	klein

Aufgrund seiner hohen – wenn auch vordergründigen – Strukturiertheit erscheint Formales Wissen seriös und wissenschaftlich, weshalb es leicht zur Begründung falscher Meinungen und Hypothesen missbraucht werden.

Eine falsch begründetet und geglaubte Unwahrheit gehört zur Kategorie des Scheinwissens. Der gleitende Übergang vom formalen Wissen zum Scheinwissen ist nicht ungewöhnlich. Bei der Formulierung pseudowissenschaftlicher Disziplinen und Theorien hat er allerdings System. Denn Pseudowissenschaften wie die Astrologie, die vorgibt, aus den Orten der Himmelskörper die Zukunft vorhersagen zu können, versuchen nicht, das Wesen hinter den Erscheinungen zu finden, sondern sie messen umgekehrt den äußeren Merkmalen der Dinge eine höhere Bedeutung bei, und sehen in ihnen die Ursache für das Schicksal des Einzelnen, von Gemeinschaften oder der Welt.

Abstraktes Wissen, Systemverständnis

Strukturiertheit	Breite	Tiefe
groß	**hinreichend groß**	**hinreichend groß**

Dieser Wissenszustand spielt eine zentrale Rolle beim Erkenntnisgewinn und der Wissensvermehrung. Er steht für das Wissen über die wesentlichen Strukturen, das wesentliche Verhalten und die Gesetzmäßigkeiten von Dingen und Sachverhalten. Die mathematisch-naturwissenschaftlichen Theorien gehören zu dieser Art Wissen.

Muster, Strukturen und Regeln erkennt man allerdings nur, wenn das Blickfeld groß genug ist und der Blick nicht durch zu viele Details verstellt wird. Ob das Fell einer Katze gepunktet oder gestreift ist, lässt sich zum Beispiel weder aus einer Entfernung von einem Zentimeter entscheiden, noch indem man die einzelnen Haare analysiert.

Die im vorigen Abschnitt als hinreichend bezeichnete Breite und Tiefe des Wissens kennzeichnet diejenige Wissensmenge und Detailliertheit, die man benötigt, um Abstraktionen und Gesetzmäßigkeiten zu finden. Abstraktionen sind nicht vordergründig, sondern erschließen sich uns erst über intensives und systematisches Denken. Sind die richtigen und passenden Abstraktionen jedoch einmal gefunden, können sie als Leitlinien für das Verständnis komplexer Sachverhalte dienen. Die Wechselwirkung zwischen empirisch gewonnenem Detailwissen und theoretischem, abstraktem Wissen kennzeichnet die wissenschaftliche Methode zur Erkenntnisgewinnung.

Ein wichtiges Hilfsmittel zur Beschreibung von Abstraktionen stellen Modelle dar. Diese konzentrieren sich auf die - für einen bestimmten Zweck - wesentlichen Merkmale und lassen den Rest außer Acht. Modelle sind dann gut und sinnvoll, wenn sie uns helfen, einzelne Fakten und Erscheinungen zu ordnen und ihren Zusammenhang zu erkennen. Hat man eine Gesetzmäßigkeit entdeckt, dann ergeben sich neue Sichten und Blickwinkel. Bislang verborgene Details werden aufgedeckt und können gezielt untersucht werden.

Betrachten wir als Beispiel das Periodensystem der Elemente, das die chemischen Grundstoffe anhand weniger Kennzahlen in ein tabellarisches Schema einordnet. Bei seiner Entdeckung hatte es Lücken, da man nicht jeder Zahlenkombination einen bekannten Stoff zuordnen konnte. Aufgrund der Systematik des Periodensystems war es den Chemikern jedoch möglich, die Eigenschaften der fehlenden Elemente vorauszusagen und gezielt – und mit Erfolg - danach zu suchen. Warum die chemischen Elemente der vorgefundenen Ordnung gehorchen, wusste man allerdings nicht. Erst Jahre später konnten die Wissenschaftler das Periodensystem aus der Struktur der

Elektronenhülle der Atome ableiten. Dazu bedurfte es jedoch erst des Atommodells und einer völlig neuen Art Physik - der Quantenmechanik.

Der Wissenswürfel ist ebenfalls ein Modell, gehört also zur Kategorie des abstrakten Wissens. Er hilft, die Themen „Wissen" und „Wissensverlust" besser zu verstehen.

Umfassendes Wissen, Erkenntnis, Systemkenntnis

Strukturiertheit	Breite	Tiefe
groß	**groß**	**groß**

Umfassendes Wissen ist gekennzeichnet durch seinen hohen Grad an Strukturiertheit und die gleichermaßen große Wissenstiefe und -breite. Dieser Zustand ist das Ziel, das es anzustreben gilt. Für einzelne, aber nicht alle, Sachgebiete und Dinge kann man umfassendes Wissen erlangen oder benötigt es. Erst das umfassende Wissen – oder wie Bohn [3] es nennt, das vollständige Wissen – ermöglicht es, komplexe Prozesse und Systeme bewusst zu steuern und zu beherrschen. Wir werden sehen, dass der Weg zum umfassenden Wissen immer über den Zustand des abstrakten Wissens und des Systemverständnisses führt. Denn nicht vordergründige oder willkürliche Muster sind die Wegweiser zu einer höheren Erkenntnisstufe, sondern nur die den Sachverhalten und Dingen angemessenen oder bereits innewohnenden Gesetzmäßigkeiten und Strukturen.

Das Universum und auch wir selbst sind hoch strukturierte Systeme, welche offenbar sehr gut funktionieren. Die Tatsache, dass sich zahlreiche Gesetzmäßigkeiten und Erscheinungen des Naturgeschehens erfolgreich und sehr exakt durch mathematische Gleichungen und Strukturen beschreiben lassen, ist Ausdruck eines hohen Grades an innerer Ordnung.

Nicht alle natürlichen Vorgänge lassen sich jedoch in mathematische Formeln fassen. Dann sind Computersimulationen ein Weg, um Prozesse, Zusammenhänge und Wirkungen besser zu verstehen. Für langwierige numerische Berechnungen und regelbasierte Simulationen sind allerdings Computer unerlässlich. Deren Programme umfassen sowohl die Abstraktionen als auch die Details der Algorithmen. Der genaue Weg, wie das Ergebnis zustande kommt lässt sich bei iterativen Verfahren mit Millionen Zyklen jedoch kaum mehr nachvollziehen. Und bei selbstlernenden Programmen der Künstliche Intelligenz (KI) verstehen und kennen wir nicht einmal die Regeln, nach denen sie ein gewünschtes Ergebnis produzieren. Umfassendes Wissen besitzt in diesem Fall lediglich die KI. Daran würde sich auch nichts ändern, wenn wir „Wissen" als eine nur Menschen vorbehaltene Fähigkeit definieren.

Was die Wissensentwicklung fördert und hemmt

In der Beschreibung der ausgezeichneten Wissenszustände des Wissenswürfels habe ich "gute", die Wissensentwicklung fördernde und "schlechte", den Wissensaufbau hemmende, Aspekte eines jeden Zustandes genannt. Die "guten" und "schlechten" Seiten der Wissenszustände sind in Tabelle 3 nochmals stichpunktartig zusammengefasst.

Von welcher Seite sich ein Wissenszustand zeigt, hängt unter andern davon ab, auf welchem Weg man ihn erreicht hat und wohin die weitere Wissensentwicklung führt. Die – noch ausstehende - Bewertung der Wissenszustände und ihre Einteilung in "Güteklassen" hängt deshalb nicht allein vom Wissenszustand selbst ab, sondern auch davon, wie leicht man von einem gegebenen Zustand zu besser oder schlechter bewerteten Zuständen gelangt.

Um alle "schlechten" Varianten eines Zustandsübergangs zu erfassen, werde ich das Modell des Wissenswürfels im nächsten Kapitel um Zustände der Unwissenheit erweitern.

Struk-tur	Breite	Tiefe	Zustand	„Guter" Aspekt	„Schlechter" Aspekt
klein	klein	klein	Unkenntnis	Unvoreingenommenheit	Dummheit
klein	klein	**groß**	Detailwissen	Detailkenntnisse	Detailverliebtheit
klein	**groß**	klein	Allgemeinwissen	Praxisverbundenheit	Vorurteile
klein	**groß**	**groß**	Chaotisches Wissen	Breites Informationsangebot	Informationsflut, Informationskollaps
groß	klein	klein	Mechanisches Wissen	Klarheit, Exaktheit, Ausführbarkeit	Unmündigkeit, Bürokratismus
groß	klein	**groß**	Spezialistenwissen	Detailverständnis, Detailregeln, Sachexperte	Überregulierung, Selbstblockade bei größerer Lösungen, Expertenstreit
groß	**groß**	klein	Formales Wissen	Veranschaulichung komplexer Zusammenhänge durch strukturierte Präsentationen	Unterschätzung der Lösungskomplexität, Vortäuschung von Einfachheit und Verständnis
groß	**hinreichend groß**	**hinreichend groß**	Abstraktes Wissen, Systemverständnis	Voraussetzung für: Entwurf und Konstruktion komplexer Systeme, Strategisches Planen Erkennen von Synergien	Wenig anschaulich, hohe Anforderungen an Abstraktionsvermögen, Analytisches Denken, Erfahrung und Sachkenntnis
groß	**groß**	**groß**	Umfassendes Wissen, Systemkenntnis	Ermöglicht den Betrieb, die Steuerung und die Beherrschung komplexer Systeme	Dominanz eines Systems kann notwendige Veränderungen bremsen

Tabelle 3 „Gute" und „schlechte" Aspekte der Zustände des Wissenswürfels

Der Zustandsraum der Unwissenheit

Das Falsche und Unwahre

Im Modell des Wissenswürfels existieren verschiedene Wissenszustände, denen unterschiedliche Wissensqualitäten entsprechen. Das – im Modell – größtmögliche Wissen ist abhängig vom Fachgebiet, Gegenstand oder Vorgang, über den man etwas wissen will und kann.

Beispiele für definierte Wissensmengen sind das Wissen, welches man zur Konstruktion einer Maschine oder zur Entwicklung eines Softwaresystems benötigt. Der Erfolg derartiger Vorhaben hängt unter anderem davon ab, ob die Beteiligten über das richtige Wissen verfügen. "Richtig" bedeutet in diesem Zusammenhang, dass Aussagen wahr sind, Prognosen zutreffen und Handlungen zum erwarteten Ergebnis führen.

Die drei Merkmale Wissensmerkmale „Tiefe", „Breite" und „Strukturiertheit", die den Wissenszustand im Modell des Wissenswürfels bestimmen, kann man sowohl wahren als auch falschen Aussagen zuordnen. Praktisch lassen sich wahr und falsch ohnehin nicht strikt trennen. Denn im menschlichen Gedächtnis, aber auch in Archiven, Bibliotheken oder Datenbanken, finden sich Informationen von ungleicher Qualität und unterschiedlichem Wahrheitsgehalt.

Irrtümer und falsche Hypothesen sind untrennbare mit der Suche nach neuen Erkenntnissen verbunden. Allerdings darf diese Einsicht nicht als Freibrief für Verantwortungslosigkeit, Unfähigkeit und Unvermögen gelten. Denn nur wenn Fehler rechtzeitig erkannt und falsche Hypothesen verworfen werden, kann man brauchbare Resultate erzielen. Unwahre Aussagen in wissenschaftlichen Theorien, in Bauplänen oder in Softwareentwürfen wird man deshalb auf Dauer nicht tolerieren können, zumindest dann nicht, wenn man nach den falschen Vorgaben Häuser baut, Maschinen und Fahrzeuge produziert oder Computerprogramme erstellt und einsetzt. Da niemand fehlerhafte Produkte kaufen möchte, sind falsche Konstruktionsunterlagen schädlich und unerwünscht.

Andere Unwahrheiten wie zum Beispiel eine frei erfundene Romanhandlung gehören zur Kategorie „Kunst". Deren Sonderrolle betrachte ich am Ende dieses Kapitels, ansonsten widme ich mich aber
vornehmlich denjenigen unwahren Sachverhalten, die in direkter
Konkurrenz zum Wissen stehen, und zu denen ich Fehler, Lügen,
Pseudowissenschaften, Täuschung und Betrug zähle.

Das Spiegelbild des Wissenswürfels

Das Modell des Wissenswürfels würde in seiner bislang definierten
Form genügen, wenn man falsche Aussagen und Sachverhalte als irrelevant für die Wissensklassifizierung erklären und pauschal der
Unkenntnis oder dem Chaotischen Wissen zuschlagen würde. Auf
diese Weise würde ich dem Anliegen des Buches, die vielfältigen
Formen des Wissensverlusts zu untersuchen, jedoch ungenügend
Rechnung tragen. Deshalb werde ich das Modell des Wissenswürfels
erweitern und falsche oder unwahre Meinungen und Aussagen in
ähnlicher Weise modellieren wie ihre wahren Gegenstücke. Dazu zunächst eine Definition:

*Falsche oder unwahre Informationen, Meinungen, Aussagen oder
Darstellungen besitzen eine negative Wissenstiefe. Die beiden Wissensmerkmale „Breite" und „Strukturiertheit" sind hingegen auch
für falsche und unwahren Informationen positiv, denn auch diese
sind entweder von geringem oder großem Umfang beziehungsweise
wenig oder hoch strukturiert.*

Wer eine falsche Meinung besitzt, weiß weniger als nichts. Denn allein, um „nur" unwissend zu werden, muss er die falsche Meinung als
solche erkennen und ausräumen. Falsche Informationen und Überzeugungen wirken deshalb analog einer Geldschuld: Sie müssen, um
in den positiven Wissensbereich zu gelangen, erst getilgt werden. Die
Beschreibung unwahrer Aussagen durch eine negative Wissenstiefe
ist deshalb eine anschauliche und brauchbare Definition.

Die Zustände für unwahre Aussagen definiere ich in gleicher

Weise wie die charakteristischen Wissenszustände des Wissenswürfels. Verschiedenen Kombinationen der Werte "groß" und "gering" für die drei Wissensmerkmale „Tiefe", „Breite" und „Strukturiertheit" entsprechen unterschiedliche Zustände der Unwissenheit. Allerdings hat nunmehr - als Kennzeichen dafür, dass die Aussagen oder Sachverhalte falsch sind - die Wissenstiefe einen negativen Wert.

Die so definierten Zustände für unwahre Informationen habe ich in Tabelle 4 zusammengefasst und zum Vergleich nochmals die Wissenszustände, welche den analogen Kombinationen aus "groß" und "gering" entsprechen, hinzugefügt.

Struktur	Breite	Tiefe (- / +)	Zustand der Unwissenheit (unwahre Informationen)	Komplementärer Wissenszustand
klein	klein	**groß**	Zufällige Fehler, Irrtum	Detailwissen
klein	**groß**	**groß**	Chaotischer Unsinn	Chaotisches Wissen
groß	klein	**groß**	Systematische Fehler, Lüge	Spezialistenwissen
groß	**hinreichend groß**	**hinreichend groß**	Scheinwissen, Pseudowissenschaft	Abstraktes Wissen, Systemverständnis
groß	**groß**	**groß**	Systematische Täuschung, Verblendung	Umfassendes Wissen, Systemkenntnis

Tabelle 4 Die Zustände der Unwissenheit und ihre komplementären Wissenszustände

Stellt man das Zustandsmodell der Unwissenheit graphisch dar, ergibt sich ein Spiegelbild des Wissenswürfels. In Abbildung 2 ist das erweiterte Zustandsmodell zu sehen.

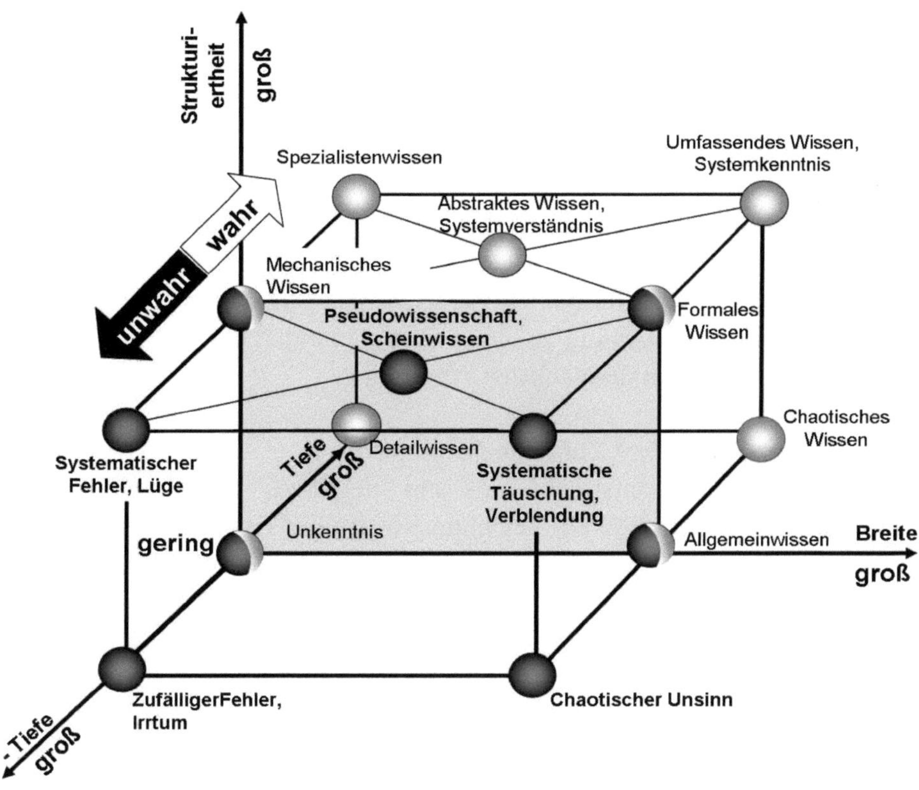

Abbildung 2 Modell des Wissenswürfels und sein „negatives" Spiegelbild

Die Ebene mit der Wissenstiefe Null bildet eine Art Spiegelfläche und trennt wahre von unwahren Informationen oder Wissen von Unwissenheit. Ein Wissenszustand und sein gespiegelter Zustand der Unwissenheit bilden ein Paar aus komplementären Zuständen.

Streng genommen müsste man zum Mechanischen Wissen, Allgemeinwissen und Formalen Wissen auch komplementäre Zustände mit negativer Wissenstiefe definieren. Diese Zustände gibt es auch. Es sind die unwahren Informationen, die dem Mechanischen Wissen, Allgemeinwissen oder Formalen Wissen entsprechen. Da sie im Zustandsraum den wahren Informationen unmittelbar benachbart sind und der Übergang zwischen wahr und falsch einfach durch einen „Vorzeichenwechsel" erfolgt, gebe ich diesen Zuständen allerdings keinen eigenen Namen.

Was die explizit definierten Zustände der Unwissenheit bedeuten und wie sie in Beziehung zu ihren komplementären Wissenszuständen stehen ist Inhalt der nächsten Abschnitte.

Detailwissen ←→ Zufällige Fehler, Irrtum

Dem Detailwissen entspricht – als sein "negatives" Spiegelbild – ein einzelner, zufälliger Fehler beziehungsweise ein Irrtum. Einzelfehler und Irrtümer sind Ausnahmen von der Regel. Sie sollten im Vergleich zum richtigen Verhalten deshalb sehr selten sein. Beispiele:
- das falsche Abbiegen an einer Kreuzung mit dem Auto
- ein Fehlurteil eines Gerichts
- die falsche Anwendung einer an sich sinnvollen Verordnung.

Spezialistenwissen ←→ Systematische Fehler, Lüge

Das Spezialistenwissen unterscheidet sich vom Detailwissen durch den höheren Grad an innerer Ordnung, durch Regeln und durch Systematik. Die negative Entsprechung des Spezialistenwissens ist deshalb der systematische Fehler beziehungsweise die Lüge. Diese stellen - im Gegensatz zum zufälligen Fehler oder Irrtum - bewusste und geplante Unwahrheiten dar. Beispiele:

- Das falsche Abbiegen eines Autos an einer Kreuzung aufgrund eines verkehrten Hinweisschildes, das ortsunkundige Fahrer systematisch fehlleitet.
- Ein physikalisches Modell, das auf unzutreffenden Annahmen und ungeeigneten theoretischen Ansätzen beruht und deshalb falsche Vorhersagen liefert.
- Ungenaue oder falsch eingestellte Messgeräte, die zu falschen Messwerten und diese wiederum zu fehlerhaften Produkten führen.

Chaotisches Wissen ←→ Chaotischer Unsinn

Ein weiteres Zustandspaar bilden das Chaotische Wissen und der Chaotische Unsinn. Beide sind gekennzeichnet durch eine Unmenge an wahren oder falschen Detailinformationen. Treten sie als Informationsflut oder Informationschaos auf, sind beide Zuständen gleich viel oder gleich wenig wert. Denn ob Informationen nutzlos, weil chaotisch und deshalb unauffindbar, oder darüber hinaus auch noch falsch sind, ist letztlich gleich.

Abstraktes Wissen ←→ Scheinwissen / Pseudowissenschaft

Der Wissenszustand Abstraktes Wissen und Systemverständnis steht für Wissen über die inneren Strukturen und Gesetzmäßigkeiten von Dingen und Prozessen, wie es beispielsweise in Form der etablierten mathematischen und naturwissenschaftlichen Theorien vorliegt. Unbewiesene oder unbeweisbare Strukturen, Zusammenhänge und Aussagen bilden hingegen das Gerüst der Pseudowissenschaften und des Scheinwissens. Beide sind das negative Gegenstück des Abstrakten Wissens.

Scheinwissen

Durch plausibel klingende Begründungen kann es gelingen, Menschen davon zu überzeugen, dass ein falscher Sachverhalt wahr sei. Sie besitzen dann nicht Wissen, wie sie glauben, sondern nur

Scheinwissen, das sich häufig in Form einfacher, aber falscher Antworten auf komplizierte Fragen zeigt. Erdstrahlen und magische Energien kann sich zum Beispiel jeder so vorstellen, wie es ihm gefällt. Mathematische und physikalische Kenntnisse sind dafür nicht erforderlich. Das tiefere Verständnis der Quantenmechanik und Relativitätstheorie mit ihren grundlegenden Gesetzen zum Mikro- und Makrokosmos scheitert hingegen zumeist schon an der komplizierten Mathematik.

Der Begriff Scheinwissen steht für eine unwahre Aussage, die für richtig gehalten und deren – angebliche - Wahrheit begründet wird. Pseudowissenschaften wie die Astrologie, das Arbeiten mit Wünschelruten oder das Wahrsagen gehören zur Kategorie des Scheinwissens. Sie verstehen sich als Alternative zu wissenschaftlichen Erkenntnissen, deren rationaler Kern zum Zustand „Abstraktes Wissen" gehört.

Der rege Gedankenaustausch mit Gleichgesinnten via Internet fördert die Verbreitung des Scheinwissens. Themen wie die UFOs oder die Wiedergeburt bieten endlos Gesprächsstoff, haben aber keine unmittelbaren praktischen Folgen. Von allen Sachverhalten, die sich auf unsere materiellen Lebensbedingungen, auf Gesundheit und Sicherheit auswirken, möchten wir aber verlässlich wissen, ob sie wahr oder falsch sind. Mit dem Sinnieren über die Relativität aller Wahrheiten dürfte es deshalb schnell vorbei sein, wenn die Rechnung für die neuesten Erleuchtungsbücher doppelt so hoch ist wie erwartet.

Offene Gesellschaften, die Gedanken- und Meinungsfreiheit zulassen, sind besonders anfällig für scheinbar logisch begründete, aber unsinnige Meinungen. Denn es fehlen allgemein anerkannte und verbreitet Glaubensgrundsätze oder autoritäre Grundüberzeugungen, die eine Barriere gegen abstruse Denkmöglichkeiten bilden. Allerdings bergen staatlich verordnete Grundsätze selbst die Gefahr des Scheinwissens und werden leicht zu Dogmen, sobald sie der Machterhaltung dienen. Nivellierte Meinungsvielfalt und die eingeschränkte Gedankenfreiheit sind deshalb ein zu hoher Preis für die

Eindämmung des ausufernden Unsinns, der mit den technischen Mitteln der Informationsgesellschaft von jedermann und weltweit verbreitet werden kann. Es bleibt die Kontrolle und Qualitätssicherung von Informationen ohne willkürliche Zugangsbeschränkungen durch neue Ideen, Verfahren und Gesetze. Der beste Schutz vor Fehlinformation, Scheinwissen oder einfach nur geistigem Müll besteht aber in der individuellen Bildung und dem persönlicheWissen, einschließlich der gesunden Skepsis gegenüber öffentlichen und privaten Meinungen.

Die Forderungen der Aufklärung[2], nach welcher der Mensch aus seiner selbst verschuldeten Unmündigkeit herausgehen und sein Leben und Denken selbst bestimmen soll, sind deshalb so aktuell wie vor dreihundert Jahren.

Umfassendes Wissen ←→ Systematische Täuschung / Verblendung

Abstraktes Wissen und Systemverständnis führen zum Umfassenden Wissen, zu Systemkenntnis und Erkenntnis. Dieser höchste Wissenszustand muss erreicht werden, will man komplexe natürliche oder technische Systeme kontrollieren, steuern und beherrschen. Derartige Systeme sind den Naturgesetzen unterworfen. Diese können wir finden, verstehen und nutzen, aber nicht brechen. Deshalb funktionieren technische Produkte nur dann, wenn die wahren Gesetzmäßigkeiten erkannt und berücksichtigt wurden. Anderenfalls erhalten wir Fehlkonstruktionen, die ihren beabsichtigten Zweck schlecht oder gar nicht erfüllen.

Auch Pflanzen und Tiere stehen nicht außerhalb der Naturgesetze und müssen sich – wollen sie überleben – deren Regeln unterwerfen.

---

[2] Das Zeitalter der Aufklärung ist die Epoche der europäischen Geistesgeschichte im 17. und 18. Jahrhundert. Der aufgeklärte Mensch soll nicht mehr den Vorgaben der Obrigkeiten oder denen von Mode und Zeitgeist vertrauen, sondern nach Kants Definition aus „seiner selbst verschuldeten Unmündigkeit herausgehen und sein Leben und Denken selbst bestimmen (aus de.wikipedia.org, Stichwort „Aufklärung").

Als Überlebensstrategie nutzen Lebewesen allerdings nicht allein die Wahrheit, sondern vielfältige Formen der Täuschung und des Betrugs. Manche harmlosen Insekten schützen sich vor Feinden, indem sie durch Farbgebung und Musterung eine weitaus gefährlichere Spezies vortäuschen. Dient in diesem Fall die Unwahrheit zum Selbstschutz, so schädigt der Kuckuck die Wirtsvögel, denen er sein Ei unterschiebt, massiv. Denn deren eigene Nachkommen können sich nicht entwickeln. Aus Sicht eines modernen Staatswesens gelten für das Verhalten von Pflanzen und Tieren weder moralische noch juristische Normen und Gesetze[3]. Täuschung und Betrug in der Natur – auch wenn sie einzelnen Individuen schaden – hat man darum als Teil ihrer selbst hinzunehmen.

Völlig anders muss man das menschliche Handeln bewerten. Denn der Mensch besitzt keine instinktive Selbstbeschränkung. Täuschung und Betrug können deshalb beliebig groß werden und eine Gesellschaft destabilisieren oder zerstören. In meinem Buch „Die Informationsbarriere oder Die Lüge stirbt zuletzt" [4] befasse ich mich ausführlich mit Täuschung und Schönfärberei und zeige, wie diese eine hierarchische Organisation an den Rand des Kollapses oder darüber hinausführen können.

Der Zustand „Systematische Täuschung, Verblendung" fungiert als "negatives" Spiegelbild des Umfassenden Wissens und der Systemkenntnis. Auch er kann zur Kontrolle führen, nicht über Dinge, aber über einzelne bis zu Millionen von Menschen. Beispiele in der Geschichte sind die Propaganda der Nationalsozialisten, Stalinisten und Maoisten oder die Anstiftung der Bevölkerung zum Massenmord an Intellektuellen in Kambodscha durch das Pol Pot Regime.

Erfolgreiche Systematische Täuschung führt zu Verblendung, die das Gegenstück zum Umfassenden Wissen und zur Erkenntnis dar-

---

[3] Das war nicht immer so. Noch im Mittelalter wurden Haustiere vor ordentlichen Gerichten angeklagt, hatten das Recht auf einen Verteidiger und konnten verurteilt werden.

stellt. Ich definiere die Systematische Täuschung als den schlechtesten Zustand im Modell, weil ich seine negativen Folgen höher bewerte als seine Berechtigung und seine Vorteile, die er im Kampf gegen kriminelle Machenschaften oder in kriegerischen Konflikten hat. Denn mit der moralisch gerechtfertigten Täuschung verhält es sich ähnlich wie mit der Anwendung von Gewalt: Für einen guten Zweck ist sie erlaubt, ansonsten nicht. Offen bleibt eine allgemein verbindliche und akzeptierte Definition von Gut und Böse, die man jedoch schwerlich formulieren kann, solange verschiedene Nationen, Kulturen oder Religionen mit eigenen Wertvorstellungen existieren,

Was es schon heute gibt, sind juristische Gesetze und moralische Regeln, die den Einzelnen und Gemeinschaften vor – hauptsächlich wirtschaftlichen – betrügerischen Machenschaften schützen sollen. Gebrochene Wahlversprechen sind hingegen – juristisch gesehen – kein Vergehen, zumal man sie als Teil der Wahltaktik geradezu erwartet.

Die wirtschaftlichen, politischen und sozialen Folgen des straffreien systematischen Betrugs innerhalb einer Gesellschaft sind angesichts der Finanz- und EURO-krisen unübersehbar. Nicht allein aus moralisch-ethischen, sondern maßgeblich aus wirtschaftlichen Gründen wehren sich deshalb Staaten und Firmen gegen Betrügereien wie Bilanzfälschung, Insider-Aktienhandel oder Produktpiraterie (zumindest dann, wenn sie nicht zum eigenen Nutzen oder im Interesse von Führungskräften betrieben werden).

Wie wahr ist Kunst?

In Tabelle 5 sind nochmals alle Unwissenheitszustände zu sehen. Die in der vorletzten Tabellenspalte genannten Beispiele gehören sämtlich zur Kategorie von Unwahrheiten und Falschinformationen, die den Wissenszuwachs behindern oder ins Gegenteil verkehren. Andere Unwahrheiten sind für den Aufbau und den Verlust von Wissen irrelevant oder sie tragen sogar, indem sie die Kreativität fördern, indirekt zu dessen Vermehrung bei. Die letzte Spalte von Tabelle 5 zeigt entsprechende Beispiele, zumeist Kunstwerke und Kunstformen. Das ist kein Zufall. Denn die Hauptaufgabe von Kunstwerken besteht nicht darin, Sachkenntnisse zu vermitteln, sondern zu unterhalten, zu schmücken, zu gefallen, zu beeindrucken und – für die Künstler lebensnotwendig – die Menschen zu verführen, für ihr Vergnügen oder ihre Neugier zu bezahlen.

Kunst ist Ausdruck und Teil unserer Kultur, und vor allem ein Produkt der Unterhaltungsindustrie und des Kunstmarktes. Die meisten Ergebnisse künstlerischer Tätigkeit dienen weder der Bildung noch der Information und erheben deshalb auch nicht den Anspruch, wahr zu sein. Man kann über sie etwas wissen, etwa wenn man ein Gedicht lernt oder sich eine Melodie einprägt. In dieser passiven Rolle sind Kunstwerke Objekte wie Bäume, Sterne oder Kristalle, deren Eigenschaften, Strukturen und Bedeutung wir ergründen und in Form von Faktenwissen speichern.

Nicht jedes Kunstwerk beschränkt sich jedoch auf die Rolle des passiven Anschauungsobjekts und nicht jeder Künstler möchte nur unterhalten. Die kommerzielle und politische Werbung nutzt Plakate, Werbefilme, Lieder und Gedichte, um einfache Botschaften zu transportieren. Sie sollen uns überzeugen, eine bestimmte Sorte Joghurt zu kaufen oder die einzig richtige Partei zu wählen. Aufgrund ihres plakativen Inhalts sind die verbreiteten Informationen jedoch allenfalls Formales Wissen. Andere Kunstwerke bilden eine Brücke zur Pseudowissenschaft. Dazu gehören historische Enthüllungs- und Verschwörungsromane, die abenteuerliche Erklärungen für vergangene Ereignisse präsentieren oder Science-Fiction-Phantasien, die bewusst den Ufo-Mythos nähren. Ihre Schöpfer behaupten nicht, dass sie Wahrheiten verkünden, nehmen aber wohlwollend in Kauf, wenn Leser dies glauben. Denn eine bessere Werbung als die medienwirksame öffentliche Auseinandersetzung mit den provokativen Hypothesen eines Romans oder Films gibt es kaum.

Struk-tur	Breite	Tiefe (-)	Für die Wissensentwicklung schädliche Form der Unwahrheit	Für die Wissensentwicklung irrelevante Form der Unwahrheit
klein	klein	**groß**	**Zufälliger Fehler:** Buchstabendreher oder falsche Zahl in einem Text	Höflichkeitslüge
klein	**groß**	**groß**	**Chaotischer Unsinn:** Inhalt einer inkonsistenten Datenbank mit fehlerhafter Indizierung	Dadaismus[4]
groß	klein	**groß**	**Systematischer Fehler, Lüge:** Fertigungsfehler durch abgenutzte Werkzeuge, geschönte Bilanzen	Einfache Kunstformen: Erzählung, Gedicht, Lied, Bild, Musikstück
groß	hinreichend groß	hinreichend groß	**Scheinwissen, Pseudowissenschaft:** UFO-Glaube, Astrologie, Verschwörungsroman	Komplexe Kunstwerke: Roman, Film, Sinfonie, Gemäldezyklus, Computerspiel
groß	**groß**	**groß**	**Systematische Täuschung, Verblendung:** Gebrochene Wahlversprechen, Propaganda, realitätsnahe Computersimulationen, Künstliche Computerwelten	Gesamtwerk eines Künstlers oder einer Stilrichtung, Realitätsnahe Computersimulationen, Künstliche Computerwelten

Tabelle 5 Für die Wissensentwicklung irrelevante Formen der Unwahrheit

---

[4] Der Dadaismus war eine künstlerische Protestbewegung, die 1915 in Zürich entstand. Er stellte die gesamte bisherige Kunst in Frage, indem er ihre Abstraktionen durch satirische Überspitzung zu sinnlosen Unsinns-Ansammlungen machte. (http://www.ilexikon.com/Dadaismus.html)

Der Mix aktueller Begebenheiten und historischer Fakten mit der dichterischen Phantasie und vor allem die Neuinterpretation der Geschichte aus dem Blickwinkel des Autors liefern das Schema, nach welchem Verschwörungstheorien konstruiert und erfolgreich vermarktet werden.

Dan Browns Roman Illuminati[5] handelt zum Beispiel von angeblichem, Jahrhunderte altem und sorgsam gehütetem Geheimwissen der katholischen Kirche.

Ein anderer Autor, Dan Burnstein, durchleuchte die Romanhandlung und prüft deren Glaubwürdigkeit hinsichtlich ihrer wissenschaftlichen und historischen Aussagen. Seine Recherchen und Bewertungen füllen selbst einen Roman zum Roman[6].

Bewusst inszenierte Diskussionen, aber auch ernsthafte – vielleicht nicht völlig uneigennützige – Aufklärungsversuche, stellen das Werk eines Künstlers und wissenschaftliche Publikationen auf die gleiche Stufe und verwischen auf diese Weise die Grenze zwischen künstlerischer Phantasie und Pseudowissenschaft.

Noch perfekter kann man Realität und Phantasie mit Hilfe von Computern mischen, beispielsweise als Computeranimation oder -simulation. Da ein Bild sprichwörtlich mehr sagt als tausend Worte, gelingt es Teams von Computerspezialisten und Künstlern, die Wirklichkeit täuschend echt darzustellen und zu verfremden. Die Illusion wirkt besonders glaubhaft, wenn wirkliche und animierte Szenen nahtlos ineinander übergehen.

Da die Wirklichkeit zunehmend über elektronische Medien, also aus zweiter Hand, wahrgenommen wird, überrascht es nicht, dass Kinder die lila Kuh aus der Milka-Werbung für real halten. Der Glaube an lila Kühe ist allerdings noch die harmloseste Variante von

---

[5] das Buch erschien im Jahr 2000 unter dem englischen Titel Angels and Demons und 2003 in der deutschen Fassung als Illuminati

[6] Dan Burstein, Die geheime Bruderschaft – Dan Browns „Illuminati" entschlüsselt, Wilhelm Goldmann Verlag, München, 2005

Realitätsverlust. Wie die Diskussion um das Verbot von so genannten Killerspielen zeigt, existieren wesentlich schwerwiegendere Deformationen der menschlichen Psyche und des Urteilsvermögens als die falsche Vorstellung von der Farbe einer Kuh.

Kunstwerke konkurrieren nicht offiziell mit wissenschaftlich-technischen, wirtschaftlichen und gesellschaftlichen Theorien, Hypothesen und Meinungen. Sie wirken jedoch als Initiator und Multiplikator unwissenschaftlicher Hypothesen, die von einem Millionenpublikum als Alternativen zu wissenschaftlichen Erkenntnissen verstanden werden oder zumindest Zweifel an ihnen aufkommen lassen.

Zustandsübergänge im Wissenswürfel

Kontinuierliche Zustandsübergänge

Der Übergang zwischen den benannten Zuständen aus Abbildung 2 geht immer einher mit der merklichen Änderung mindestens einer der Zustandsvariablen „Breite", „Tiefe" oder „Strukturiertheit". Je nachdem, wie sich die Variablen ändern, erhält man nicht nur einen, sondern viele Wege, um von einem bestimmten Ausgangszustand zu einem gewählten Endzustand zu gelangen. Die Anzahl der möglichen Wege zwischen den 14 ausgezeichneten Zuständen des Wissenswürfels und seines Spiegelbildes ist deshalb wesentlich größer als die Anzahl der Zustände selbst. Jeder Weg steht für eine spezielle Art und Weise, Wissen zu erlangen oder zu verlieren. Aufgrund der mannigfaltigen Wege im Zustandsmodell kann es dazu beitragen, die Wissensdynamik vieler konkreter Beispiele zu erklären.

Die eigentliche Stärke des Modells besteht allerdings darin, dass die Zustände nicht - mehr oder weniger - willkürlich gewählt sind, sondern aus nur drei Zustandsvariablen abgeleitet wurden. Deshalb besteht zwischen ihnen ein stetiger Zusammenhang. Und erst dieser ermöglicht es, kontinuierliche Übergänge zwischen den einzelnen Zuständen zu definieren, zu vergleichen und zu bewerten.

Wie charakteristische Übergänge zwischen – zunächst Wissenszuständen – aussehen, und was sie bedeuten, ist Inhalt des nächsten Kapitels.

Verbotene Übergänge zwischen Wissenszuständen

Der Zustand des Wissens von Einzelpersonen oder Gruppen zu einem bestimmten Zeitpunkt gibt Auskunft über die Qualität des momentan vorhandenen Wissens. Wie sich, ausgehend von einem Anfangszustand, das Wissen entwickelt und verändert, kann man nachvollziehen, wenn man die Übergänge zwischen den Wissenszuständen betrachtet. Im Modell des Wissenswürfels bewegt man sich dabei von einem Anfangs- zu einem Endpunkt, wobei sich mindestens eine der drei Zustandsvariablen „Breite", „Tiefe" oder „Strukturiertheit" verändert.

Auch im physikalischen Raum zeigt sich die Bewegung eines Körpers durch die Änderung mindestens einer seiner Ortsvariablen „Breite", „Tiefe" oder „Höhe". Die Bewegungsfreiheit von Planeten, Autos oder Menschen wird allerdings durch physikalische oder juristische Gesetze eingeschränkt. Eine Schlucht oder eine Felswand setzt einem Autofahrer natürliche Grenzen, während Verkehrsregeln gesetzlich verordnete Beschränkungen auferlegen. Physikalische Barrieren wirken direkt. Verordnungen fruchten nur dann, wenn man die Regeln akzeptiert und einhält.

Der Wissenswürfel besitzt gleichfalls „verbotene" Bereiche, denn es existieren zwei grundlegende Einschränkungen:

1. Der Zustand „Umfassendes Wissen, Systemkenntnis, Erkenntnis" kann nur über den Zustand „Abstraktes Wissens, Systemverständnis" erreicht werden

2. Wird der Zustand „Abstraktes Wissens, Systemverständnis" umgangen, dann führt die stetige Zunahme von Wissenstiefe und Wissensbreite immer zum Zustand „Chaotisches Wissen".

Im Modell wird die Einhaltung dieser beiden Regeln erzwungen, indem der Zustandsraum um die gesperrten Teile reduziert wird. Abbildung 3 illustriert diesen Vorgang, wobei man – im Gegensatz zu Abbildung 1 – auf die Rückseite des Wissenswürfels blickt. Die Reduktion des Zustandsraums erfolgt in zwei Schritten:
- Diejenige Ecke des Würfels, in der sich der Zustand „Umfassendes Wissen, Systemkenntnis" befindet, wird abgeschnitten.
- Ausgehend vom Zustand „Abstrakten Wissens, Systemverständnis" führt eine „Plattform" zum Zustand „Umfassendes Wissen, Systemkenntnis".

Den veränderten Wissenswürfel zeigt Abbildung 4.

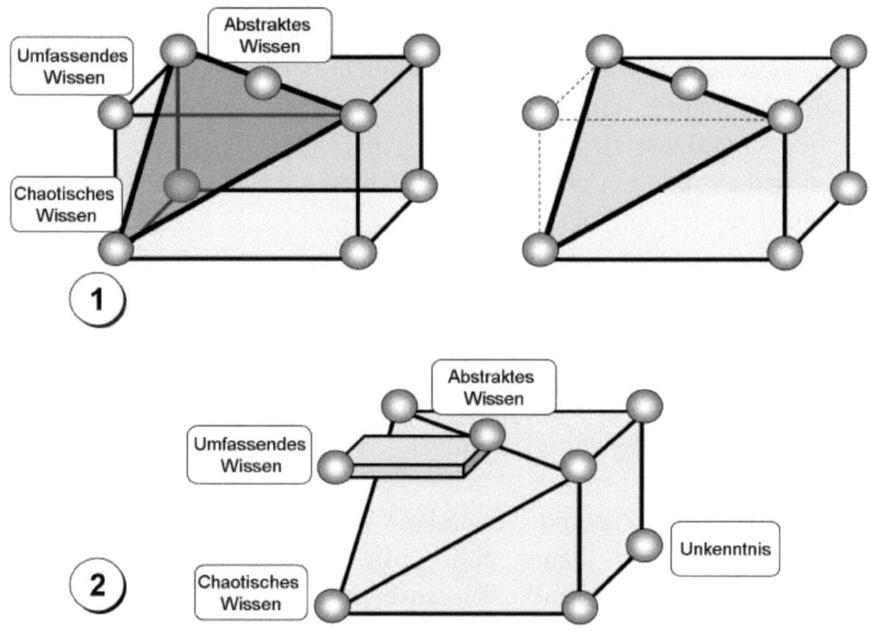

Abbildung 3 Definition der erlaubten Wissenszustände

Wie ein Vergleich von Abbildung 1 und Abbildung 4 zeigt, kann
man nach wie vor zu allen beschriebenen Wissenszuständen – den
Eckpunkten und dem Mittelpunkt der Deckfläche des Würfels - gelangen, allerdings nicht mehr auf jedem beliebigen Weg.

So führt in Abbildung 4 kein direkter Weg vom Chaotischen Wissen zum Umfassenden Wissen. Erst wenn man Ordnung in das Chaos bringt, indem man den Weg über den Zustand „Abstraktes Wissen, Systemverständnis" wählt, wird der Weg frei zur Erkenntnis und zum Umfassenden Wissen.

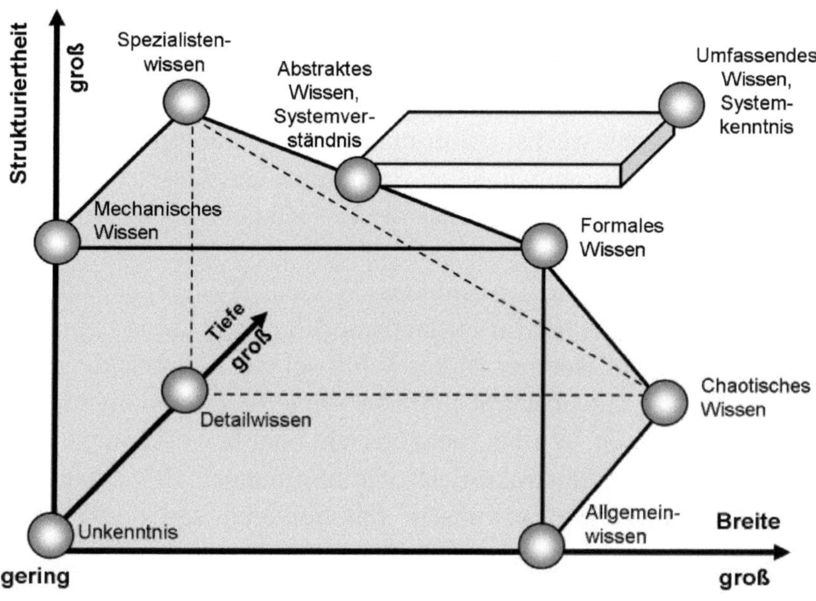

Abbildung 4 Erlaubte Zustände im Wissenswürfel

Fehlt aber die strukturelle Ordnung, wird jede hinreichend große Menge von Dingen – nicht nur von Informationen und Wissen – chaotisch. Aus diesem Grund brauchen und haben funktionierende große Systeme jedweder Art wie Organisationen, Produktionsanlagen, Verkehrssysteme, Bauwerke, Lebewesen oder das Universum als Ganzes definierte Strukturen und Regeln, die ihnen Stabilität verleihen und ihre Existenz sichern.

Natürliche komplexe Systeme bestehen seit Jahrmilliarden und besitzen eine reichhaltige innere Ordnung. Vom Menschen bewusst geschaffene technische und organisatorische Systeme werden nach festgelegten Regeln und Plänen konstruiert oder definiert. Ihre Struktur spiegelt den Wissensstand ihrer Konstrukteure, Entwickler und Planer wider.

Für die Planung und Realisierung einfacher Systeme wie einer Holzhütte braucht man nur wenig Wissen, und es spielt keine Rolle, ob dieses stark strukturiert vorliegt oder nicht. Sobald aber die Komplexität der Erzeugnisse und mit ihr die Menge des benötigten und verwalteten Wissens wächst, kann man dessen Fülle ohne Kenntnis der wesentlichen Zusammenhänge, Strukturen und Gesetzmäßigkeiten des betrachteten Sachverhaltes weder effizient speichern noch sinnvoll verwerten.

Dem Wissenszustand „Abstraktes Wissen, Systemverständnis" kommt deshalb - nicht nur im Zustandsmodell des Wissens - eine besondere Stellung zu. Denn er ist der Schlüssel zur Beherrschung von Komplexität, und nur über ihn führt der Weg zu Erkenntnis und zu Umfassenden Wissen. Wird er nicht erreicht oder bewusst umgangen, dann entstehen schlecht strukturierte und nur mangelhaft verstandene Produkte, die nicht wie gewünscht funktionieren und deren Teile schlecht zusammenspielen.

Wenn jedoch höhere Prinzipien als der pure Zufall und die singuläre Optimierung regieren, wird ein Ganzes mehr sein als die Summe seiner Teile, und man wird komplexe technische, organisatorische und soziale Systeme verstehen und steuern können oder aber – was nicht weniger wichtig ist - zur Einsicht gelangen, dass sie unter den gegebenen Bedingungen nicht beherrschbar sind.

Phantasie kennt keine Grenzen

Im Modell der Unwissenheit und Unwahrheit, dem Spiegelbild des Wissenswürfels, gibt es keine verbotenen Bereiche, weshalb alle Wege und Übergänge zwischen den Zuständen der Unwissenheit möglich sind.

Gleich dem Autor eines Trickfilms, der physikalische und biologische Gesetze nach Gutdünken ignorieren kann - weshalb sich Donald Duck nach einem Sturz von einem Hochhaus nur kurz reckt und munter weiter lebt - ist man im Reich der Phantasie und Spekulation der absolute Herrscher. Dort kann man für wahr halten, was man glaubt, Widersprüche durch Wunder erklären, behaupten, ohne zu beweisen, die Vergangenheit täglich neu erfinden und die Logik den eigenen Wünschen anpassen.

Deshalb gelangt man zwar vom Zustand „Chaotisches Wissen" nicht direkt zu Erkenntnissen, sehr wohl aber vom Zustand „Chaotischer Unsinn" ohne Umweg zu Täuschung und Verblendung. Zum Beispiel dadurch, dass man eingebildete Zusammenhänge und zufällige Muster für Offenbarungen bislang verborgener Gesetzmäßigkeiten und Kräfte hält.

Da es allein im Wissenswürfel verbotene - ausgeschnittene - Bereiche gibt, verliert das Gesamtmodell seine Symmetrie: Übergänge zwischen Wissenszuständen unterliegen Einschränkungen, Übergänge zwischen Zuständen der Unwissenheit nicht.

Diese Asymmetrie drückt die Tatsache aus, dass es viel mehr Unsinn als Wissen gibt. Denn neue Erkenntnisse und umfassendes Wissen erlangt man nur, wenn man die richtige Methode wählt und ständig auf der Hut ist, nicht zu irren. Falsche Hypothesen, Theorien und Hirngespinste entstehen hingegen wie von selbst und können ohne Mühe und Zeitaufwand produziert werden.

Bewertung der Wissenszustände

Die Werteskala

Voraussetzung für die Charakterisierung der Zustandsübergänge im Wissenswürfel ist die Bewertung seiner ausgezeichneten Zustände. Dies soll nun geschehen. Die eigentlichen Definitionen sind zur Unterscheidung von erklärenden Textpassagen nummeriert und kursiv hervorgehoben.

(1) Der Zustand „Unkenntnis" als neutraler Anfangszustand erhält die Wertigkeit 0.

Er ist der einzige Zustand, dessen Wertung explizit gesetzt wird. Die Wertigkeiten aller anderen Wissenszustände ergeben sich aus wenigen plausiblen Annahmen sowie der Struktur des Wissenswürfels. Ohne jede weitere Annahme folgen die Bewertungszahlen für die Zustände der Unwissenheit allein aus der Symmetrie des Modells:

(2) Die Wertigkeiten eines Wissenszustandes und seines komplementären, spiegelsymmetrischen Unwissenheits-Zustandes haben den gleichen Betrag, aber unterschiedliche Vorzeichen: Positiv für Wissenszustände und negativ für die Zustände der Unwissenheit.

Zwei weitere Regeln legen die im Rahmen des Wissenswürfels wertvollsten Zustände fest:

(3) Umfassendes Wissen ist der Idealzustand, und hat somit den höchsten Stellenwert.

(4) Da man den höchsten Wissenszustand nur über das Abstrakte Wissen erreichen kann, besitzt der Zustand „Abstrakte Wissen, Systemverständnis" die zweithöchste Wertigkeit.

Punkt (4) ist Teil der Regeln, nach denen die „verbotenen" Bereiche im Wissenswürfels definiert wurden. Dadurch wird im Modell der Zustand Abstraktes Wissen, Systemverständnis als einziger Zugang zu Umfassendem Wissen herausgehoben. Dass diese Festlegung sinnvoll und notwendig ist, habe ich schon verschiedentlich erläutert, und werde – wegen der zentralen Bedeutung dieser Aussage – auch noch mehrfach darauf zurückkommen.

(5) Nach dem Zustand „Abstraktes Wissen, Systemverständnis" folgt mit der dritt besten Bewertung das hoch strukturierte und detaillierte Spezialistenwissen.

Weil die Tiefe des Spezialistenwissens zwar groß, seine Breite aber gering ist, taugt es für Einzellösungen, jedoch nicht als Basis einer Gesamtbetrachtung. Ich bewerte es deshalb geringer als das Abstrakte Wissen, aber höher als die verbleibenden Wissensformen.

(6) Eine Wertigkeit unter dem Spezialistenwissen, aber immer noch positiv, sind die Zustände „Detailwissen", „Allgemeinwissen", „Mechanisches Wissen" und „Formales Wissen" eingestuft.

Wissen aus diesen Kategorien reicht in der Regel aus, um die Alltagsanforderungen zu meistern. Detailwissen, Allgemeinwissen und Mechanisches Wissen ergeben sich aus der Unkenntnis, wenn man eines der drei Wissensmerkmale „Tiefe", „Breite" oder „Strukturiertheit" von „gering" nach „groß" ändert. Auch aus diesem Grund scheint es mir sinnvoll, ihnen dieselbe Wertigkeit zuzuordnen.

Der Zustand „Formales Wissen" ist allerdings auch nicht besser bewertet, obwohl er aus der Unkenntnis durch den Wechsel nicht nur eines, sondern zweier Wissensmerkmale von „gering" nach „groß", hervorgeht: der Tiefe plus der Strukturiertheit. Zum Vergleich: Auch zum Spezialistenwissen gelangt man, ausgehend von der Unkenntnis, durch Änderung zweier Wissensmerkmale von „gering" nach „groß". Würde man deshalb den Wissenswürfel allein betrachten, könnte man – schon aus Symmetriegründen – geneigt sein, das Spezialistenwissen und das Formale Wissen gleich zu bewerten.

Ein Blick auf das Gesamtmodell zeigt aber, dass der Zustand „Formalen Wissen" – im Gegensatz zum Spezialistenwissen - in der

Nachbarschaft der „schlechtesten" Zustände der Unwissenheit liegt.

(7) Aufgrund seiner negativen Aspekte, unter anderem als möglicher Ausgangspunkt von Scheinwissen, Pseudowissenschaft und Täuschung, bewerte ich das Formale Wissen darum schlechter als das Spezialistenwissen, aber immer noch positiv. Denn eine alphabetische Sortierung von Adressen ist zwar formal, aber besser als keine Sortierung.

Der Zustand Unkenntnis ist mit 0 bewertet. Es gibt aber noch andere, ihm gleichwertige, Zustände:

(8) Das Chaotische Wissen und der Chaotische Unsinn erhalten wie die Unkenntnis die Wertigkeit 0, da sie letzterer in den praktischen Auswirkungen gleichkommen.

Denn aus einer chaotischen Wissensmenge kann das passende Wissen für eine konkrete Fragestellung nicht selektiert und somit auch nicht genutzt werden. In diesem Sinne ist das Chaotische Wissen so wenig nutzbar, als würde es gar nicht existieren. Das gleiche gilt für den Chaotischen Unsinn, den man auch nicht gezielt nutzen kann.

Im Wissenswürfel und - wegen der Symmetriebedingung (2) - auch in seinem Spiegelbild sind nunmehr alle charakteristischen Zustände relativ zueinander bewertet. Um absolute Wertigkeiten zu erhalten, fehlt nur noch eine einzige Regel:

(9) Alle Wertigkeiten der Wissenszustände werden mit 0 beginnend durchnummeriert, so dass „Detailwissen", „Allgemeinwissen", „Mechanisches Wissen" und „Formales Wissen" als die Zustände mit der niedrigsten positiven Einstufung die Wertigkeit 1 beziehungsweise + erhalten.

In Abbildung 5 sind alle Zustände, sortiert nach ihrer Wertigkeit, tabellarisch zusammengefasst. Das zugehörige räumliche Zustandsmodell ist in Abbildung 6 zu sehen, und erst dort zeigt sich anschaulich die enge Nachbarschaft des Formalen Wissens zu den schlechtesten

Zuständen „Pseudowissenschaft, Scheinwissen" und „Systematische Täuschung, Verblendung".

Wissenszustand	Wahrheitsgehalt	Wertung	
Umfassendes Wissen, Systemkenntnis	wahr	++++	
Abstraktes Wissen, Systemverständnis	wahr	+++	
Spezialistenwissen	wahr	++	Zuwachs an Wissen / Verlust an Wissen
Detailwissen	wahr	+	
Allgemeinwissen	wahr	+	
Mechanisches Wissen	wahr	+	
Formales Wissen	wahr	+	
Chaotisches Wissen	wahr	0	
Unkenntnis	-	0	
Chaotischer Unsinn	falsch	0	
Zufälliger Fehler, Irrtum	falsch	-	
Systematischer Fehler, Lüge	falsch	- -	
Scheinwissen, Pseudowissenschaft	falsch	- - -	
Umfassende Täuschung, Verblendung	falsch	- - - -	

Abbildung 5 Bewertung der Wissens- und Unwissenheits-Zustände

Die falsche Deutung und willkürliche Interpretation äußerer Merkmale und Muster von Dingen und Erscheinungen ist typisch für den Übergang vom Formalen Wissen zu den Zuständen „Pseudowissenschaft, Scheinwissen" oder „Systematische Täuschung, Verblendung". Man findet das Abgleiten von nicht sehr tiefem aber immerhin vorhandenem Wissen zu den „schlechtesten" Formen der Unwissenheit bei allen Arten von Manipulation, Täuschung, ideologischer Verführung, Diskriminierung, Aberglaube und Betrug.

Negative Wertigkeiten

Als den harmlosesten und deshalb am geringsten negativ bewerteten Unwissenheits-Zustand betrachte ich den zufälligen Fehler oder Irrtum. Denn zufällige Fehler kann man nicht ausschließen, und Irrtümer und falsche Hypothesen sind Teil des Erkenntnisprozesses.

Werden Irrtümer allerdings ignoriert und schlagen sich in falschen Regelwerken, Konstruktionen oder Lehrsätzen nieder, resultieren daraus systematische Fehler oder Lügen. Deren negative Auswirkungen können beträchtlich sein, weil sie bewusst oder unbewusst eine Kette weiterer Fehler oder Falschinformationen auslösen. Systematische Fehler und Lügen sind darum negativer zu bewerten als zufällige Fehler, aber nicht so negativ wie Pseudowissenschaft und Scheinwissen, die den systematischen Fehler zum System erheben.

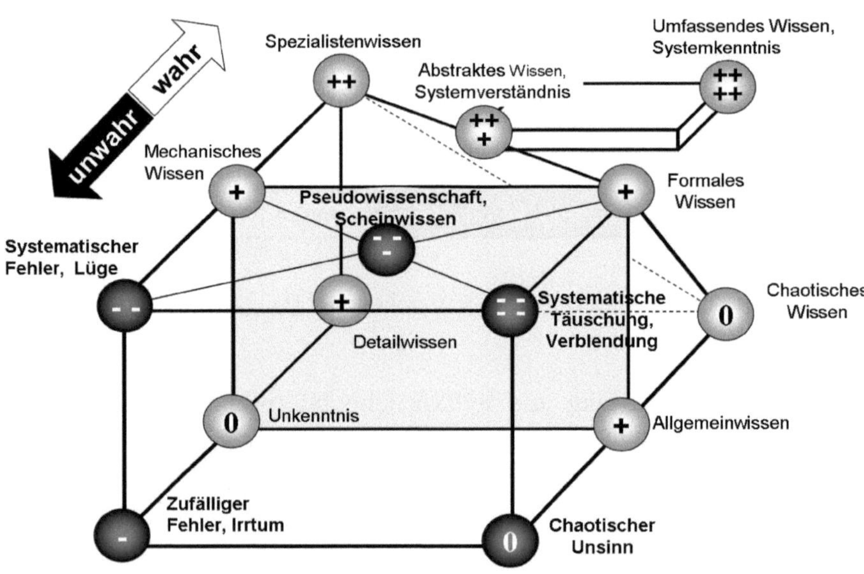

Abbildung 6 Wissenswürfel und sein Spiegelbild mit bewerteten Zuständen

Pseudowissenschaft steht in direkter Konkurrenz zur Wissenschaft, die durch den Zustand „Abstraktes Wissen, Systemverständnis" repräsentiert wird.

Man sieht, dass die negativen Wertigkeiten der Unwissenheits-Zustände - obwohl nicht explizit definiert, sondern über die allgemeine Symmetrieforderung gesetzt - zu ihrer inhaltlichen Deutung passen. Offensichtlich verstärken Ordnung und Strukturiertheit das Gute wie das Schlechte gleichermaßen, während das Chaos jeden Unterschied zwischen wahr und falsch aufhebt.

Wissensverlust

Nachdem die charakteristischen Wissens- und Unwissenheits-Zustände bewertet sind, lässt sich der Begriff „Wissensverlust" wie folgt definieren:

Wissensverlust entsteht immer dann, wenn ein Wechsel von einem qualitativ höher bewerteten zu einem geringer eingestuften Wissenszustand erfolgt.

Primär sind es einzelne Menschen, die auf einem ganz bestimmten Gebiet Wissen verlieren oder gewinnen. Da sich der Wissenszustand einer Gruppe aus den Beiträgen der einzelnen Mitglieder zusammensetzt, bestimmt das Verhalten vieler Individuen jedoch auch das Gruppenwissen.

Wege durch den Wissenswürfel

Der Königsweg

Der favorisierte Weg zum umfassenden Wissen ist jener mit der Nummer 1 in Abbildung 7. Andere Wege sind, wenn das Endziel „Umfassendes Wissen" lautet, weniger oder gar nicht empfehlenswert. Denn auf ihnen verliert man Wissen oder sie führen in eine Sackgasse.

Im Wissenswürfel – und nicht nur dort – gibt es neben dem richtigen Weg zu einem Ziel, weitaus mehr Varianten, die das Ziel verfehlen. Mit jeder Kreuzung erhöht sich die Wahrscheinlichkeit, falsch zu gehen. Es sei denn, der richtige Weg ist markiert oder man besitzt eine Wegbeschreibung.

Auf dem Weg zum Umfassenden Wissen bildet das Abstrakte Wissen eine solche Wegbeschreibung. Sie besteht aus den grundlegende Strukturen, Gesetzmäßigkeiten, Regeln und Standards desjenigen Produkts, Sachgebietes oder allgemein Systems, über welches man umfassendes Wissen erlangen will. Dass man die richtigen Abstraktionen und Regeln nicht sofort, sondern gewöhnlich erst nach mehreren Versuchen und Zyklen findet, wird in Abbildung 7 durch die Aufwärtsspirale des Weges (1) angedeutet.

Hat man jedoch den Zustand des abstrakten Wissens erreicht, dann besitzt man die Kenntnisse und das Verständnis, um den weiteren Wissenszuwachs systematisch anzugehen und die Konsistenz des jeweils erworbenen Gesamtwissens zu sichern. Von nun an können wir auf verschiedenen gleichwertigen Wegen zum Umfassenden Wissen und zur Systemkenntnis gelangen. Variante (1a) in Abbildung 7 führt zuerst in die Tiefe und dann in die Breite. Variante (1b) favorisiert den umgekehrten Weg. Doch beide führen zum gleichen Ergebnis. Dazu ein Beispiel:

Zwanzig elektronische Geräte sollen nach einem Plan aus einem Sortiment von Einzelteilen montiert werden. Alternativ kann man die Montage wie folgt organisieren:

4. Die Geräte werden nacheinander von der gleichen Person montiert.

5. Zwanzig Arbeiter arbeiten gleichzeitig am Auftrag, so dass alle Geräte parallel gefertigt werden.

Weil bekannt ist wie die Einzelteile im Detail und im Zusammenhang funktionieren, führen beide Herstellungsverfahren zu gleichwertigen Produkten, allerdings in unterschiedlicher Zeit.

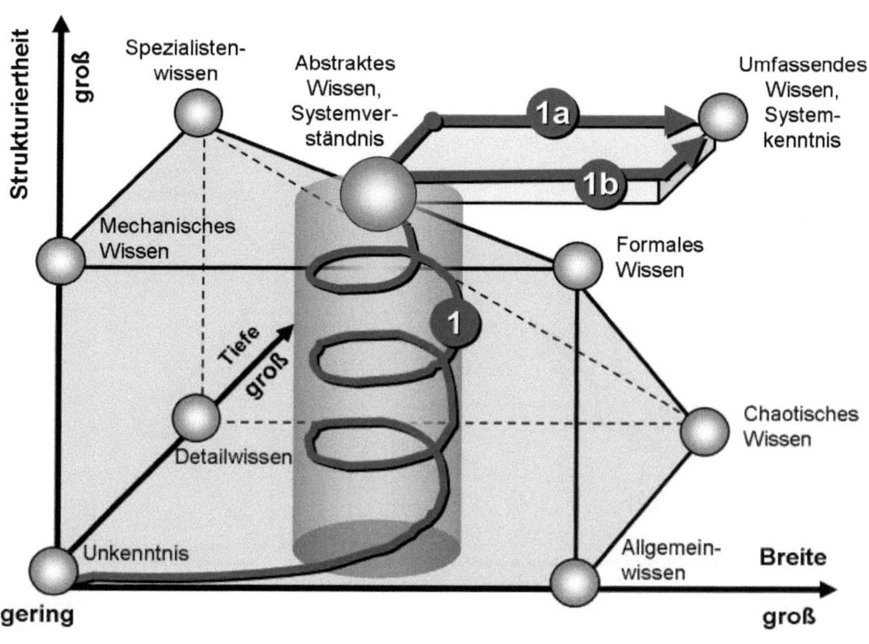

Abbildung 7 Der Königswege im Wissenswürfel

Die Wissensentwicklung zur Prozessbeherrschung

Als eine erste konkrete Anwendung des Wissenswürfels habe ich in Abbildung 8 die Zustände der Wissensentwicklung für das technologische Wissen zur Prozessbeherrschung nach Bohn[3] (
Tabelle 1) von seiner tabellarischen Darstellung als „Wissensleiter" in einen Pfad des dreidimensionalen Zustandsraums des Wissens überführt. Damit wird zugleich demonstriert, wie sich ein existierendes spezielles Modell konsistent in das generische Modell des Wissenswürfels einfügt.

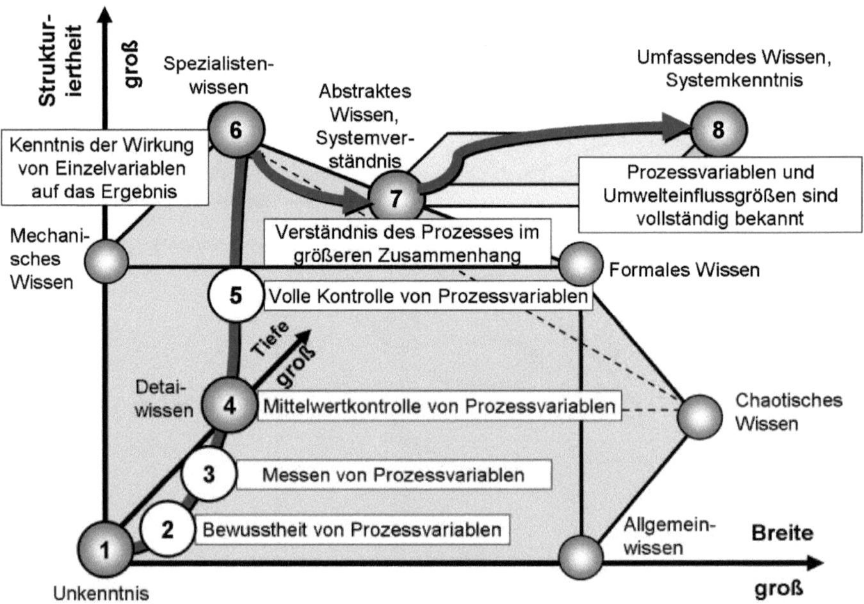

Abbildung 8 Wissensstufen des technologischen Wissens zur Prozessbeherrschung nach Bohn als Pfad im Modell des Wissenswürfels

Die erste und letzte der insgesamt 8 Wissensstufen aus Tabelle 1 entsprechen den Zuständen „Unkenntnis" und „Umfassendes Wissen, Systemkenntnis" des Wissenswürfels. Bis Wissensstufe 4 wird das Wissen zu den Prozessdetails schrittweise vertieft. Die Stufen 4 bis 6 kennzeichnen, neben einer weiteren Vertiefung von Einzelkenntnissen, vor allem die wachsende Kontrolle über einzelne Prozessvariablen und das Verständnis, wie diese das Endergebnis beeinflussen. Dem Übergang von Stufe 4 zu Stufe 6 entspricht im Modell des Wissenswürfels die Umwandlung von Detailkenntnissen in Spezialistenwissen. Denn letzteres umfasst die Gesetzmäßigkeiten und inneren Zusammenhänge eines speziellen Sachgebietes wie beispielsweise einer einzelnen Prozessvariablen und ihres Verhaltens.

Der vorletzten, 7. Wissensstufe, welche das Verständnis des Prozesses in einem größeren Zusammenhang charakterisiert, entspricht im Wissenswürfel der Zustand „Abstraktes Wissen, Systemverständnis". Um vollständig zu verstehen, was die Änderung einer Prozessvariable bewirkt, braucht man in der Regel eine Theorie oder ein Modell, mit dessen Hilfe die Wirkung im Voraus berechnet oder anderweitig bestimmt werden kann. Allerdings führt die Kenntnis der Wirkung von Einzelvariablen eines Prozesses nicht zwangsläufig zu dessen Gesamtverständnis. Denn oft sind es gerade die Widersprüche zwischen einzelnen Erkenntnissen oder speziellen Theorien, die neue Denkansätze erfordern. Und erst diese führen dann zu den gewünschten umfassenden Einsichten.

Ohne das Verständnis des Prozesses in einem größeren Zusammenhang ist nicht einmal sichergestellt, dass alle wesentlichen Prozessvariablen bekannt sind. Und ebenso wenig kann man davon ausgehen, dass alle Mess- und Regelprozesse ausreichend stabil, schnell und präzise funktionieren. Beim Übergang von Wissensstufe 6 zu 7 erfolgt deshalb zunächst die Reduktion der Detailliertheit, die dann im Kontext des Gesamtverständnisses erneut ansteigt und zum Endzustand 8 führt.

Die Entwicklung und Ausarbeitung mathematischer und physikalischer Theorien im Verlauf von Jahrzehnten und Jahrhunderten verläuft häufig gemäß einer Lernkurve, wie in Abbildung 8 dargestellt. Denn Widersprüche zwischen verschiedenen Theorien oder das Bestreben, scheinbar unabhängige Erscheinungen auf ein gemeinsames theoretisches Fundament zurückzuführen, zwingen zur Aufgabe alter Ansichten und deren Wiedergeburt im Rahmen verallgemeinerter Konzepte.

Für die industrielle Forschung und Entwicklung gelten allerdings andere Rahmenbedingungen als für die Grundlagenforschung. So erwartet der Auftrag- und Geldgeber marktfähige Produkte, den effizienten Einsatz finanzieller Ressourcen und die Fähigkeit, neue technologische Prozesse schneller zur Marktreife zu führen als die Konkurrenz. Das in Abbildung 8 skizzierte Vorgehen kann unter diesen Umständen ungeeignet sein, denn es führt zwar letztlich zum richtigen Endergebnis, aber mitunter für einen zu hohen Preis und vielleicht zu spät. Denn falls sich herausstellen sollte, dass zu viele der fix und fertig ausgearbeiteten Einzellösungen unbrauchbar sind, weil sie entweder gar nicht oder erst nach ihrer Überarbeitung in das Gesamtkonzept passen, können Kosten- und Zeitpläne ins Wanken geraten.

Der als Königsweg bezeichnete Verlauf des Wissensaufbaus ist deshalb häufig der effektivste. Denn es werden erst dann teure, fertige Detaillösungen erarbeitet, wenn das Gesamtkonzept verstanden ist. Ist dies der Fall, sollte man aber möglichst schnell dessen Tragfähigkeit überprüfen und ins Detail gehen. Besonders bei neuen Produkten, Verfahren und Prozessen ist aus diesem Grund die Variante (1a) in Abbildung 7 zu empfehlen.

Dass der Name „Königsweg" für die Vorzugsvariante berechtigt ist, sieht man nicht zuletzt anhand von Gegenbeispielen. Diese bilden das Umfeld des richtigen Weges, und allein schon deshalb sollte man sie kennen. Denn wer dann - trotz aller Voraussicht - einmal irrt, kann dies zumindest schnell bemerken und rechtzeitig korrigieren. Die Kenntnis der schlechten und falschen Wege hilft, den Überblick zu wahren und vor allem zu erkennen, wann die Richtung nicht stimmt und warum das der Fall ist.

Typische Sackgassen auf dem Weg zum Zustand „Umfassendes Wissen, Systemkenntnis," zeigt Abbildung 9.

Sackgasse 1: Wege zum Formalen Wissen

Die Wege (2) und (3) in Abbildung 9 führen von der Unkenntnis zum Zustand „Formales Wissen". Sie verlaufen beide in der vorderen Seitenfläche des Wissenswürfels. Dort findet man nur Wissenszustände mit geringer Wissenstiefe.

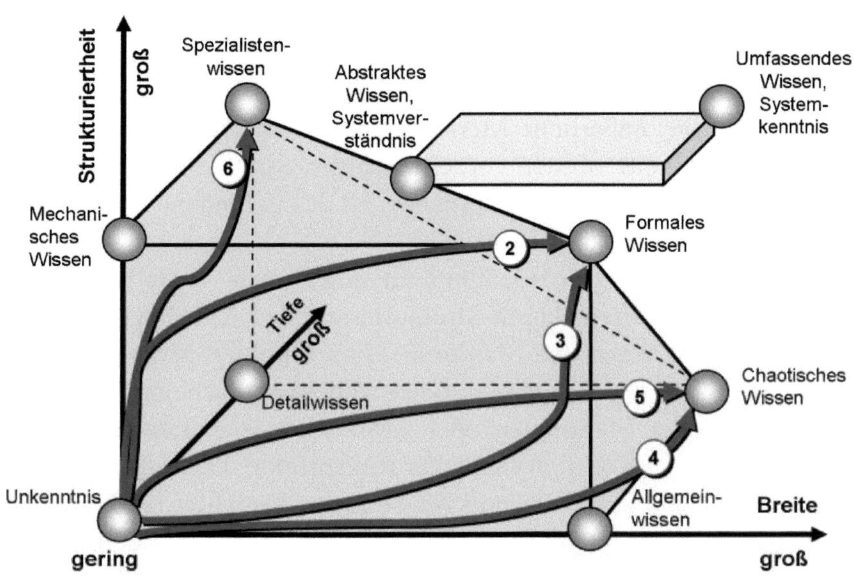

Abbildung 9 Weitere Wege im Wissenswürfel

Auf Weg (2) erklimmt man sofort die Stufe zu hoch strukturiertem Wissen. Dann häuft man - ohne das Wissen zu vertiefen – solange strukturiertes Wissen an, bis der Zustand „Formales Wissen" erreicht ist. Lernt man technische Produkte zu bedienen, versteht aber nicht wie sie „im Inneren" funktionieren, durchläuft man eine entsprechende Lernkurve. Denn einfache Folgen von Bedienschritten stellen für sich Mechanisches Wissen, in der Summe aber Formales Wissen dar.

Der Alltag einer modernen Gesellschaft ist ohne die oft selbstverständliche Nutzung technischer Hilfsmittel undenkbar. Die Fähigkeit, Geräte zu bedienen, darf allerdings nicht mit Technikverständnis, Weltgewandtheit und Intelligenz verwechselt werden.

Auf dem alternativen Weg (3) zum Formalen Wissen sammelt man zunächst viele unstrukturierte Informationen von geringer Tiefe und versucht sie danach zu ordnen. Dafür stehen - mangels tieferer Einsichten - nur äußerliche Merkmale und Kriterien zur Verfügung. Da man nicht weiß, ob den vordergründigen Strukturen wesentliche, innere Gesetzmäßigkeiten entsprechen, ist das gefundene Wissen – in der Regel – nur Formales Wissen.

Die Vorgehensweise (3) führt zu einer zwar vordergründigen, aber leicht nachvollziehbaren Strukturierung des Alltagswissens und ist deshalb weit verbreitet. Man ordnet und gruppiert Menschen, Tiere, Dinge oder Informationen nach äußeren Erscheinungen, Gewohnheiten oder Merkmalen oder sortiert Texte in Lexika, Datenbanken oder Listen in alphabetischer Reihenfolge. Die alphabetische Ordnung ist eine sinnvolle und oft benutzte Variante des Formalen Wissens. Weniger sinnvoll, aber harmlos, ist die Einteilung von Menschen entsprechend ihrer bevorzugten Eissorte in „Eistypen".

Die negative Seite des Formalen Wissens zeigt sich unter anderem in seinem Missbrauch zur Diskriminierung von Menschen. Denn ideologisch bedingte Klassifizierungen stützen sich gern auf äußere Merkmale, aus denen sie dann die Minder- oder Höherwertigkeit bestimmter Menschengruppen abzuleiten versuchen.

Weg (3) muss man in diesen Fällen sehr kritisch betrachten. Denn Wissen, welches sich auf äußerliche und willkürliche Merkmale und Muster gründet, offenbart selten die wesentlichen Strukturen und Gesetzmäßigkeiten von Dingen und Prozessen. Formale Ordnungskriterien sind deshalb wenig geeignet, um umfassendes Wissen zu erlangen, sondern sie dienen - im Gegenteil - oft zur Verschleierung der Wahrheit und zur scheinbar objektiven Rechtfertigung der Interessen einzelner Menschen oder Gruppen.

Formales Wissen ist nicht selten der Ausgangspunkt für falsche Hypothesen und steht in enger Verbindung mit dem Scheinwissen. Von letzterem wird geglaubt, dass es wahr sei, weil man eine scheinbar logische, jedoch nur formale Begründung für seine Richtigkeit angeben kann. Der Wunsch vieler Menschen nach einfachen Erklärungen für komplizierte Sachverhalte fördert die Verbreitung von Formalem Wissen und Scheinwissen. Ich werde später beim Thema „Aberglaube und Pseudowissenschaft" nochmals darauf zurückkommen.

Sackgasse 2: Wege ins Chaos

Diejenigen Wege durch den Wissenswürfel, die ganz ohne die dritte Wissensdimension – die Strukturiertheit – auskommen, verlaufen in seiner Grundfläche. Dort gibt es neben der Unkenntnis nur noch die Zustände „Allgemeinwissen", „Detailwissen" und „Chaotisches Wissen". In Abbildung 9 führen die Wege (4) und (5) jeweils vom Zustand „Unkenntnis" zum Zustand „Chaotisches Wissen" - einmal über das Detailwissen und das andere Mal über den Zustand „Allgemeinwissen".

Auf Weg (4) häuft man zunächst Allgemeinwissen an. Man verzichtet in dieser Phase bewusst oder mangels besserer Kenntnisse auf Detailtiefe, Struktur und Ordnung. Detailliert man später seine Ideen, Lösungsansätze und Entwürfe, ohne konkrete Vorstellungen davon, ob und wie diese zusammenspielen, erhält man separate Einzelergebnisse von unterschiedlicher Güte. Eine Gewähr, dass daraus das gewünschte Gesamtergebnis entsteht, gibt es nicht. Für größere Vorhaben endet Weg (4) im Chaos. Denn große Projekte mit vielen Beteiligten erfordern einen Plan und ein Konzept zur Koordination der Aufgaben und Teilergebnisse.

Weg (5) symbolisiert die Anhäufung ungeordneten Detailwissens. Er endet wie Weg (4) im Chaos. Findet man zum Beispiel ohne Mühe eine Anschrift aus zehn oder auch noch aus hundert unsortierten Adressen, braucht man bei tausend Adressen schon Zeit und Geduld. Doch die Suche in einer ungeordneten Liste von zehntausend Einträgen würden wir als Zumutung empfinden. Auch das Internet stellt eine riesige Menge an Detailinformationen bereit. Es existieren Inseln der Ordnung, aber kein inhaltliches Gesamtkonzept. Deshalb bleibt es dem Nutzer überlassen, zwischen sinnvollen Informationen, Halbwahrheiten, Unsinn und Lügen zu unterscheiden. Und sein Vorwissen entscheidet darüber, inwieweit er die Fülle der Details sinnvoll nutzen kann.

Ein anderer Weg in Abbildung 9, die Nummer (6), scheint zumindest auf den ersten Blick positiv zu sein. Er steht für den Aufbau von hoch strukturiertem Spezialistenwissen wie beispielsweise einer nationalen Regelung für das Reinigen von Abwasser. Eine widerspruchsfreie größere Lösung entsteht allerdings nicht einfach als Summe verschiedener Expertenlösungen. Details nationaler Verordnungen müssen unter Umständen zurückgenommen werden, um eine gemeinsame Lösung im Rahmen der Europäischen Gemeinschaft zu finden. Die willkürliche Addition von Details - egal ob strukturiert oder unstrukturiert - führt unweigerlich zum Chaotischen Wissen: im Falle fehlender Struktur infolge Planlosigkeit, bei hoher Ordnung durch Überregulierung, Expertenstreit und Selbstblockade.

3. Wachstum und Verlust von Wissen

Der Aufstieg des Wissens

Der Hauptstrom des Wissens in der Zeit

Man kennt diejenigen Dinge und Sachverhalte am besten, für die man sich entweder interessiert oder mit denen man sich im Berufsleben und im Alltag – mehr oder weniger freiwillig - beschäftigt. Ähnliche Lebens- und Handlungsweisen führen, wenn auch in unterschiedlicher Ausprägung, zu ähnlichem Wissen und Können.

In der Frühgeschichte der Menschheit jagten unsere Vorfahren Mammute und Auerochsen und sammelten Nüsse, Früchte und Pilze, um zu überleben. Viele Steinzeitmenschen wussten eine Menge darüber, wie den Beutetieren aufzulauern ist, welche Früchte bekömmlich sind und wo es essbare Wurzeln gibt.

Einige hunderttausend Jahre später lösten Viehzucht und Ackerbau das Jagen und Sammeln als Hauptnahrungsquelle ab. Dementsprechend besaßen immer mehr Menschen landwirtschaftliche Kenntnisse, während das Wissen über die Jagd für die Masse der Erdbevölkerung weniger wichtig wurde.

Auch Deutschland war noch vor 200 Jahren weitgehend landwirtschaftlich geprägt. Erst Dampfmaschine und Eisenbahn brachten eine grundlegende Wende. Sie leiteten die Industrialisierung des Landes ein, in deren Verlauf Millionen Menschen aus handwerklichen und landwirtschaftlichen Tätigkeiten in die Fabriken strömten. Lokomotiven, Maschinen, Kraftwerke, Telefonanlagen und Autos veränderten die Anforderungen an die Arbeiter und Angestellten, welche die neuartigen technischen Produkte herstellten und bedienten.

Heute erleben wir abermals eine neue Phase der Güterproduktion, der man den Namen „Informationszeitalter" oder „Wissensgesellschaft" gegeben oder mit dem aktuellen Schlagwort „Digitalisierung" verbindet. Wieder werden wir mit einer Flut von Produkten und Dienstleistungen konfrontiert, die unsere Möglichkeiten erweitern, aber auch erhöhte Anforderungen an das Wissens und die Fähigkeiten ihrer Entwickler, Produzenten und Konsumenten stellen. Und noch nie vollzogen sich die Veränderungen so schnell und global wie in der Gegenwart: Für Manchen zu schnell.

Was aber - oder wer - zwingt uns in diesen Takt? Warum entwickelt sich die menschliche Gesellschaft in atemberaubendem und beschleunigtem Tempo, während Schildkröten und Haie seit Millionen von Jahren unverändert ihren Platz in der Natur behaupten und keinerlei Anlass sehen, sich zu wandeln? Eine Antwort könnte sein:

- Menschen sind neugierig und wissensdurstig
- Sie sind Erfinder und Schöpfer von Dingen, die es in der unbelebten Natur nicht gibt und
- Sie geben Wissen nicht nur über ihre Gene weiter, sondern tauschen es über die Sprache von Mensch zu Mensch und über die Schrift und Medien von einem Menschen zu vielen aus.

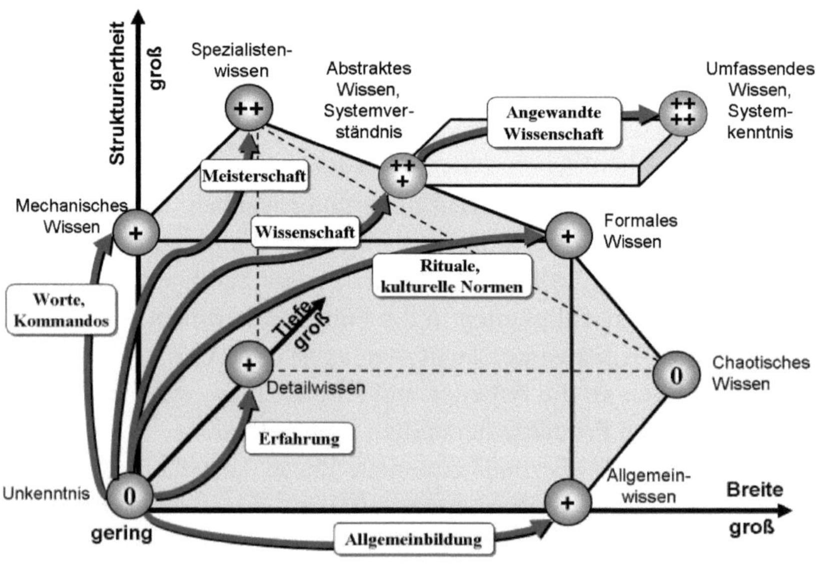

Abbildung 10 Wege von der Unkenntnis zum Wissen

Neugier ist allerdings nicht nur dem Menschen eigen. Als eine Überlebensstrategie der Natur ermöglicht sie es dem Individuum, neue Möglichkeiten zu erkunden und durch Erfolg und Irrtum zu lernen. Auf diese Weise können sich Lebewesen an geänderte Bedingungen anpassen und ihr erweitertes Wissen an die nachfolgenden Generationen ihrer Art vererben.

Erst in Verbindung mit der Sprache und in noch höherem Maße mit der Schrift setzt die Neugier jedoch die Spirale der beschleunigten Wissensakkumulation in Gang, die man den menschlichen Fortschritt nennt.

Da unserem Drang nach Erkenntnis der Drang nach ihrer praktischen Umsetzung nicht nachsteht, ist die menschliche Neugier eine tätige Neugier und unser Fortschritt primär ein Fortschritt der produktiven Möglichkeiten; ungeachtet aller kulturellen und sozialen Errungenschaften, Verbesserungen und Regeln des menschlichen Zusammenlebens.

Die Entwicklung vom Jagen und Sammeln, über Ackerbau, Viehzucht und Handwerk zum industriellen Zeitalter erfolgte deshalb nicht zufällig, sondern sie wurde und wird durch eine starke innere Kraft in Gang gehalten. Diese treibt die menschliche Entwicklung in Richtung wachsender Leistungsfähigkeit der Güterproduktion. Deren Produktivität wird entscheidend durch folgende Produktivkräfte bestimmt:

- die Produktionsmittel wie beispielsweise Anlagen oder Maschinen
- die Produktionsverfahren und Materialien
- die Menschen mit ihren Fähigkeiten und Fertigkeiten

Eine überlegene Produktionsweise bringt Mittel, Wege und vor allem Menschen hervor, die Reiche, Staaten, Nationen oder Weltregionen befähigen, wirtschaftlich, politisch und militärisch führend zu sein. Die bislang dominante Produktionsweise wird verdrängt.

Durch den Wandel können Berufsgruppen und Kulturen die Basis ihrer Existenz und Lebensweise verlieren. Die extensiv betriebene Landwirtschaft, der Bergbau und die Eisenbahn vertrieben zum Beispiel die nordamerikanischen Indianer aus ihren Jagdgebieten, während die Handweber in Europa infolge der industriellen Fertigung von Textilien ihre Arbeit und ihr Einkommen verloren.

Der Widerstand der Betroffenen war verständlich. Doch aufhalten ließen sich weder die Viehzüchter, Farmer und Goldsucher in Amerika noch die Textilindustrie in Europa. Die Angriffe der Indianer auf Farmen und Siedlerkolonnen blieben ebenso ohne langfristige Wirkung wie die Zerstörung der Textilmaschinen durch verzweifelte Handweber.

Technologische Umwälzungen verändern die wirtschaftlichen und gesellschaftlichen Verhältnisse und gehen auch an der politisch-kulturellen Führungsschicht einer Epoche nicht spurlos vorüber. Denn mit den wirkungsvolleren Produktionsmitteln verstärkt sich der wirtschaftliche und mit ihm der politische und kulturelle Einfluss derjenigen Bevölkerungsgruppen, welche die modernen Technologien hervorgebracht haben, besitzen und beherrschen.

Das Wissen, das die jeweils dominanten Produktivkräfte ermöglicht, ist ebenfalls dominant und Teil des Hauptstroms des Wissens in der Zeit, den ich wie folgt definiere:

Der Hauptstrom des Wissens umfasst dasjenige Wissen, das die jeweils fortschrittlichsten und dominanten Produktivkräfte einer Zeit ermöglicht und zu deren Entfaltung erforderlich ist.

Stellt man sich die historische Wissensentwicklung – wie in Abbildung 11 zu sehen - als einen Strom oder ein Strömungssystem vor, dann gibt es zu jeder Zeit neben der Hauptströmung unzählige Nebenflüsse, Bäche und Rinnsale. Diese verkörpern Wissensgebiete, die nicht mehr oder noch nicht zum Hauptstrom gehören.

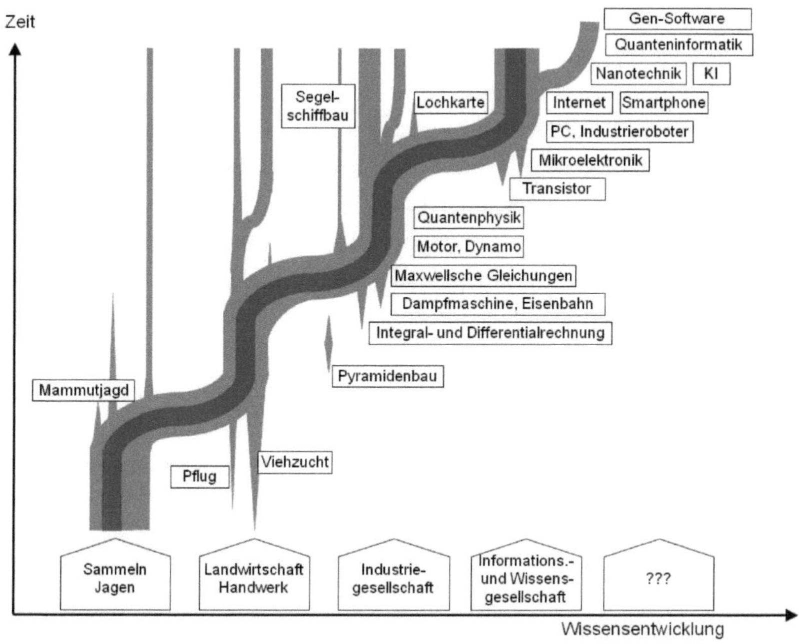

Abbildung 11 Der Hauptstrom des Wissens in der Zeit

Einer dieser Nebenflüsse wird heute durch das landwirtschaftliche Wissen geformt, das in der Vergangenheit den Hauptstrom bildete. Nur mehr als Bach oder Rinnsal tritt uns das Wissen über die Jagd entgegen. Und einige Wissensströme sind in der Vergangenheit gänzlich versiegt. Sie symbolisieren verlorenes und vergessenes Wissen wie beispielsweise das Wissen über den Bau der ägyptischen Pyramiden. Andere Wissensströme transportieren das neue Wissen und einer von ihnen zeichnet das künftige Bett des Hauptstromes vor. Denn auch in Zukunft wird der Hauptstrom sein altes Bett verlassen und sich ein neues suchen. Das dortige Wissen wird Dominanz erlangen, solange, bis der Hauptstrom abermals seine Richtung ändert.

Evolution und Revolution des Wissens

Der Hauptstrom des Wissens ist abhängig vom erreichten Wissensniveau und von den praktischen Möglichkeiten, Wissen in bessere und durchsetzungsfähigere Produkte und Dienstleistungen umzusetzen. Jede neue Entwicklungsstufe der Produktivkräfte wird durch einen - zunächst theoretischen – Wissensvorlauf vorbereitet.

Im Vergleich zur Menge der Menschen, die das vorhandene Wissen anwenden, ist die Zahl derjenigen, die grundlegend neues Wissen schaffen, gering. Heute widmen sich spezielle Berufsgruppen wie Forscher, Entwickler oder Wissenschaftler dieser Aufgabe. Doch auch in der Antike oder im Reich der Pharaonen gab es Menschen, deren Kenntnisse dem durchschnittlichen Wissen ihrer Zeit weit voraus waren. Sie versuchten, die Erscheinungen der sie umgebenden Welt und Gesellschaft zu erklären und schufen systematisch neues Wissen.

Die sich wiederholende Schrittfolge von theoretischem Wissensvorlauf und dessen produktiver Umsetzung führt zu einem Zyklus, der mit jedem Durchlauf das Wissensniveau und die technologischen Möglichkeiten der Menschheit erweitert.

Der Zeitpunkt, zu dem ein theoretisches Wissenspotenzial sich breit entfaltet, die Güterproduktion revolutioniert und zu einer dominanten Stellung aufsteigt, wird wesentlich durch bahnbrechende Erfindungen, die wie ein zündender Funke wirken, bestimmt. Der Pflug, die Dampfmaschine, der Dynamo, der Transistor und das Internet haben die Welt auf diese Weise verändert. In der folgenden Phase des Wachstums und der Konsolidierung geht die Wissensrevolution in eine Wissensevolution über. Nun wird das Wissen für seine produktive und praktische Nutzung aufbereitet und verbreitet.

In Hochkulturen vergangener Zeiten war praktisches Alltagswissen häufig in religiöse oder rituelle Form gekleidet. Priester und Mönche lehrten und bewahrten das Wissen ihrer Zeit, und Tempel und Klöster fungierten nicht nur als Orte der religiösen und spirituellen Einkehr, sondern auch als Institutionen wissenschaftlicher Arbeit und als Wissensarchive. In späteren Jahrhunderten lösten wissenschaftliche Erklärungen religiöse Vorstellungen des Naturgeschehens ab. Gelehrte und Wissenschaftler wie Kopernikus, Kepler, Galilai oder Newton gelten als Wegbereiter der modernen Naturwissenschaften. Versuchte die Kirche zunächst mit Gewalt unwissenschaftliche Positionen zu halten, akzeptierte sie später die stillschweigende Übereinkunft, dass die Wissenschaft für die Erklärung der Naturgesetze und ihrer praktischen Nutzung verantwortlich ist, während sich die Religion mit spirituellen, sozialen, moralischen und „letzten" Fragen befasst.

Der Abgrenzung der Zuständigkeitsbereiche zwischen Naturwissenschaft und Religion folgte die Trennung von Kirche und Staat. Diese doppelte Säkularisation ermöglichte in Europa die freie Entfaltung von Wissenschaft und Technik und führte zur permanenten Erweiterung unserer Kenntnisse und technischen Möglichkeiten.

Eine vorher nicht gekannte Wissensexplosion katapultierte die Welt in einem einzigen Jahrhundert in unsere heutige technische Zivilisation.

Religiös verpacktes Wissen: Möglichkeiten und Grenzen

Naturreligionen bemühen sich um einfache Begründungen und Erläuterungen für Vorgänge und Erscheinungen in der Natur, die den Menschen unverständlich sind, die ihnen Angst machen oder sie einfach nur staunen lassen. Die Priester im alten Ägypten und die griechischen Philosophen besaßen darüber hinaus bereits beträchtliche mathematische und naturwissenschaftliche Kenntnisse. Ohne diese wären Bewässerungssysteme, monumentale Bauwerke, Straßen und Schiffbau nicht möglich gewesen. Verbreitet wurde das Wissen der Oberschicht durch religiöse Schriften, Bräuche und Riten, deren praktische Seite sich in konkreten Vorgaben und Regeln für das soziale Zusammenleben zeigt. Religiöse Schriften enthalten Vorschriften, Empfehlungen und Rituale für alle Bereiche und Anlässe des täglichen Lebens. Von der Arbeitszeitregelung – man denke nur an den arbeitsfreien Sonntag und die religiösen Feiertage - über die persönliche Hygiene, die Essenzubereitung bis hin zu sozialen und moralischen Verhaltensmustern, einschließlich der Rechtsprechung, liefern sie einen Ordnungsrahmen für das persönliche und öffentliche Leben. Die Staatsform entscheidet, ob religiöse Vorschriften zum Gesetz erhoben werden, ob sie Teil der privaten Lebensplanung sind oder ob man sie staatlicherseits unterdrückt und bekämpft.

Durch die Einbettung des irdischen Geschehens in den göttlichen Weltzusammenhang erlangen religiöse Aussagen eine rational nicht begründbare „heilige" Autorität, die weltlichen Gesetze nur schwer erreichen. Trotz der Trennung von Kirche und Staat berufen sich deshalb politische Führer moderner Demokratien mitunter auf Gott, um ihren Entscheidungen besonderes Gewicht zu verleihen.

Die produktive Tätigkeit des Menschen ist in ihrem Kern allerdings nicht durch die Religion bestimmt. Denn hierbei unterliegt der Mensch wie jedes andere Geschöpf der Erde den Naturgesetzen. Werden diese missachtet, sei es aufgrund religiöser Überzeugung oder aus Unwissenheit, dann funktionieren Werkzeuge nicht wie gewünscht, stürzen Bauwerke ein oder die Saat verdorrt. Ingenieurtechnisches Wissen basiert deshalb nicht auf religiösen Dogmen und Schriften, sondern bedient sich wissenschaftlicher Verfahren und Methoden. Diese erscheinen vielen Menschen jedoch nüchtern, kalt und unpersönlich, weshalb mystisch und religiös verbrämte Handlungsanweisungen nach wie vor gefragt sind. Menschen des westlichen Kulturkreises finden zum Beispiel indische und asiatische Lehren wie Joga oder Feng Shui besonders aufregend und geheimnisvoll.

In der Feng-Shui-Lehre wird die Ausgewogenheit der beiden universellen Kräfte *Jin* und *Jang* als Ausdruck von Harmonie bezeichnet. *Jang* verkörpert Helligkeit und Dynamik, *Jin* Dunkelheit und Stille. Feng Shui formuliert unter anderem Regeln und Hinweise, wie eine Wohnung oder ein Haus harmonisch einzurichten sind. Einige Lehrsätze enthalten einfachste bauphysikalische Erkenntnisse und Erfahrungen, die auch anderweitig gefunden werden können. Sonnenlicht wird zum Beispiel der Kraft *Jang* zugeordnet. Ein Zuviel an *Jang*, das durchs offene Fenster strömt, muss deshalb zwecks Wiederherstellung des Gleichgewichts durch ein Mehr an *Jin* kompensiert werden - beispielsweise in Form eines Vorhangs. Profane Begriffe wie „Sonnenlicht" und „Vorhang" können allerdings weder die Sehnsucht nach Mystik und Spiritualität stillen noch das Alltagsgrau mit fernöstlichem Zauber verklären.

Solange fremdartige Lehren, Riten und Religionen nur außergewöhnliche Darstellungen erprobter Wahrheiten und Erfahrungen sind, kann man dagegen kaum etwas einwenden. Oft verstecken sich zwischen den sinnvollen Regeln jedoch unsinnige oder in unserem Kulturzusammenhang unsinnig gewordene Aussagen. Vom Aberglauben und von freien Erfindungen, Interpretationen und Erweiterungen der ursprünglichen Lehren durch selbst ernannte Meister ganz zu schweigen. Denn vordergründige, exotische Präsentationen von Wissen gleiten leicht in Scheinwissen und Scharlatanerie ab. Und wer einmal von einem Mythos überzeugt ist, wird seine Meinung, mag sie auch noch so absurd erscheinen, nicht so leicht ändern. Denn viele Aussagen lassen sich aus technischen, mathematischen oder Kostengründen nicht einfach überprüfen oder sie sind per Definition unüberprüfbar wie der Glaube an Wunder und Geister.

Doch keiner gütigen Fee und keinem Geist aus der Flasche verdanken wir den heutigen Wohlstand, sondern der wissenschaftlichen Methode mit ihren objektiv nachvollziehbaren Regeln und Kriterien zur Wahrheitsfindung, die den beispiellosen Erkenntniszuwachs der vergangenen 150 Jahre ermöglichte.

Fortschritt durch Wissenschaft und Technik

Seit etwa 150 Jahren bestimmen Wissenschaft und Technik den Hauptstrom des Wissens. Sie bringen die stärksten und wirksamsten Produktivkräfte hervor. Und diese wiederum ermöglichen es einem Land, die materiellen Grundlagen zu erwirtschaften, die für einen hohen Lebensstandard seiner Bevölkerung unerlässlich sind.

Besonders günstige Bedingungen für den wissenschaftlich-technischen Fortschritt herrschen dort, wo drei Faktoren zusammentreffen:

- Vorlauf an mathematisch-naturwissenschaftlichem und technologischem Wissen
- Innovationsfreudigkeit
- Wille, Können und Ressourcen zur Umsetzung der Erfindungen in marktfähige und marktführende Produkte

Diese günstigen Bedingungen waren in Deutschland Mitte des 19. Jahrhunderts erfüllt. Tabelle 6 zeigt deutsche Erfindungen aus den vergangen 150 Jahren, ohne die es unsere moderne Lebensweise nicht geben würde. Bekannte deutsche Unternehmen wie Daimler oder Siemens haben ihre Wurzeln in einer Zeit der Technikbegeisterung und des Aufbruchs.

Auch heute brauchen wir eine solche Aufbruchstimmung. Denn mit dem Wegfall politischer und wirtschaftlicher Grenzen sind die Barrieren gefallen, die den Besitzstand an Wissen sichern halfen. Was vor 20 Jahren noch ein komfortabler Wissensvorsprung war, reicht nur noch aus, um den Status Quo zu wahren, und ist für morgen zu wenig. Der Erhalt unserer technischen Infrastruktur und die Entwicklung neuer „intelligenter" Produkte und Dienstleistungen erfordern umfangreiches naturwissenschaftliches, technisches und mathematisches Wissen, wobei dem Wort "umfangreich" eine doppelte Bedeutung zukommt:

- die wachsende Menge an Wissen, das ein einzelner Mensch besitzen muss und
- die Anzahl der Personen mit dem erforderlichen Wissen, bezogen auf die Gesamtbevölkerung

Erfindung	Erfinder	Jahr
Telefon	Philipp Reis	1859
Dynamo	Werner von Siemens	1866
Auto	Carl Benz, Gottlieb Daimler	1886
Dieselmotor	Rudolf Diesel	1890
Röntgentechnik	Wilhelm Conrad Röntgen	1895
Fernsehen	Manfred von Ardenne	1930
Düsentriebwerk	Hans von Ohain	1936
Hubschrauber	Henrich Focke	1936
Kernspaltung	Otto Hahn	1938
Computer	Conrad Zuse	1941
Scanner	Rudolf Hell	1951
Anti-Baby-Pille	Schering AG	1961
MP3-Format	Frauenhofer-Institut	1997

Tabelle 6 Deutsche Erfindungen

Man braucht deshalb nicht nur geeignete, sondern auch ausreichend viele Menschen, die sich für eine naturwissenschaftliche, mathematische oder technische Berufsausbildung oder ein entsprechendes Studium entscheiden. Ohne die umfassende Förderung von Wissenschaft und Technik wird das allerdings nicht gelingen. Und vor allem nicht, ohne entsprechend begabte junge Menschen aufzuspüren und auf ihrem Bildungsweg zu fördern. Deren Anzahl ist jedoch von Natur aus begrenzt und kann nicht allein dadurch gesteigert werden, dass immer mehr Schüler das Abitur ablegen. Denn Masse ersetzt keine Klasse.

Verliert eine Gesellschaft merklich naturwissenschaftlich-technisches Wissen oder ist sie nicht mehr in der Lage oder Willens, es im notwendigen Maße aufzubauen, läuft sie Gefahr, den Hauptstrom des Wissens zu verlassen und nicht mehr zu den Trägern des wissenschaftlich-technischen Fortschritts zu gehören. Mittel- und langfristig muss dann mit einem sinkenden Lebensstandard großer Teile der Bevölkerung gerechnet werden. Denn die Geschichte zeigt, dass Länder und Nationen, die sich den effektivsten Produktivkräften und Produktionsweisen verweigern oder ihnen nicht folgen können, zu den Verlierern im weltweiten Wettbewerb gehören. Nicht zufällig zählen Regionen mit überwiegend einfacher landwirtschaftlicher Produktionsweise zu den ärmsten der Welt.

Wie sehr wir die technisierte Umwelt brauchen, merken wir allerdings erst dann, wenn die Technik einmal ausfällt wie beispielsweise beim Zusammenbruch der Stromversorgung Ende November 2005 im Münsterland. Als Basis der modernen Güterproduktion und der technischen Infrastruktur kann man die Naturwissenschaften deshalb nicht ignorieren, denn ihre als Naturgesetze wirkenden Erkenntnisse lassen sich nicht den ideologischen, religiösen oder politischen Wünschen anpassen.

Das heißt allerdings nicht, dass man die Methoden und Aussagen der Naturwissenschaften über ihren praktischen Nutzen und die schiere Notwendigkeit hinaus allgemein akzeptiert und erst Recht nicht, dass man sie als wissenschaftliche Weltanschauung anerkennt. Denn trotz ihrer unbestreitbaren methodischen und praktischen Erfolge werden die Naturwissenschaften und ihr Kind, die Technik, keinesfalls umfassend geschätzt. Populär, wenn auch nicht unumstritten, sind lediglich ihre Produkte, derer sich Freund und Feind gleichermaßen und mit größter Selbstverständlichkeit bedienen.

Doch technische Produkte wachsen nicht an Bäumen, noch fallen sie vom Himmel. Man muss sie entwickeln, produzieren und in Stand halten. Vielleicht wird es eines fernen Tages gelingen, materielle Güter und die auf ihnen beruhenden Dienstleistungen allein durch einen geistigen Willensakt ins Leben zu rufen. Bis es soweit ist (und niemand sieht heute einen Weg dorthin), kann man auf Naturwissenschaft und Technik aber schwerlich verzichten. Damit wir nicht den Ast absägen, auf dem wir sitzen, müssen wir Aufgabe, Rolle und Wesen von Naturwissenschaft und Technik als Quelle von Wohlstand und Erkenntnis wieder mehr ins Bewusstsein der Gesellschaft rücken.

Die wissenschaftliche Methode

Im Gegensatz zu bewusst unscharfen oder unentscheidbaren Aussagen definiert die wissenschaftliche Methode Regeln, wie eine Hypothese zu überprüfen ist. Erst wenn eine Theorie neben ihren eigentlichen Voraussagen und Behauptungen auch Kriterien aufstellt, welche sie bei *Nichterfüllung* widerlegt, kann sie die Bezeichnung "wissenschaftliche Theorie" für sich in Anspruch nehmen.

Die Widerlegbarkeit oder Falsifizierbarkeit einer Aussage ist deshalb ein Merkmal für ihre Wissenschaftlichkeit.

Sobald sich ein Sachverhalt mathematisch formulieren lässt oder - vereinfacht ausgedrückt - sobald es eine Formel gibt, hat man einen großen Schritt in Richtung Falsifizierbarkeit getan. Denn nun kann man Prognosen errechnen und in Form mathematischer Funktionen, Tabellen oder einzelner Zahlen publizieren. Die so konkretisierten Aussagen einer Theorie kann man durch Experimente und Messungen überprüfen. Weichen theoretische Voraussage oder Berechnung und experimentelle Ergebnisse voneinander ab, bedeutet dies allerdings nicht automatisch das Ende der Theorie, sondern nur die Feststellungs eines Widerspruchs. Dieser kann durch falsche oder ungenaue Messungen entstanden sein, oder die Messergebnisse wurden erfunden oder anderweitig manipuliert, denn auch die Wissenschaft ist nicht frei von falschem Ehrgeiz, Neid und Missgunst.

Man wird also in jedem Fall weitere Messungen durchführen, um die Abweichung von der bislang gültigen Auffassung zu bestätigen. Geschieht das hinreichend oft, an verschiedenen Orten, durch unabhängige Personen und mit immer dem gleichen Ergebnis, dann dürften die betreffenden Aussagen in ihrer bisherigen Form nicht mehr zu halten sein.

Das Wesen der wissenschaftlichen Methode besteht in der permanenten Überprüfung ihrer Aussagen und - falls erforderlich - deren Anpassung an geänderte Erkenntnisse. Theorien, die allen Widerlegungsversuchen widerstanden haben, können darum als unser am besten überprüftes Wissen bezeichnet werden. Die Mathematik und die Naturwissenschaften sowie die auf ihnen aufbauenden technischen Fachrichtungen gehören dazu.

Trotz ihrer augenscheinlichen Erfolge gelingt es der Wissenschaft oder den Wissenschaftlern jedoch nur ungenügend, Vorteil und Nutzen ihrer Methode überzeugend darzustellen. Denn vielen Menschen erscheint die Korrektur einer Meinung als Schwäche. Und Wahrheiten, die keinen Anspruch auf Endgültigkeit erheben, befriedigen nicht ihr Bedürfnis nach unverrückbaren geistigen Fundamenten.

Per Definition nicht diskutierbare Thesen und Grundüberzeugungen werden deshalb häufig als die eigentlichen geistigen Werte angesehen, auch wenn sie wissenschaftlich schon längst widerlegt sind und selbst dann, wenn sie nur durch öffentlichen Druck oder durch Gewalt aufrechterhalten werden.

Obwohl der menschliche Fortschritt ohne das wissenschaftliche Denken unmöglich ist, spielt das wissenschaftliche Weltbild im Vergleich zu religiös und spirituell geprägten Welterklärungen in der öffentlichen Präsenz eine untergeordnete Rolle. Und selbst die Bedeutung von Wissenschaft und Technik für die Produkte und Dienstleistungen der modernen Zivilisation scheint umso mehr in Vergessenheit zu geraten je selbstverständlicher diese sind.

Theorie und Empirie in den Naturwissenschaftlichen

Es ist kein Zufall, dass die Naturwissenschaften in engem Verbund mit der Mathematik das Menschheitswissen enorm erweitert haben. Denn eine mathematisch formulierte Theorie hat gegenüber anderen Beschreibungssprachen den Vorteil, dass sie die reichhaltigen mathematischen Erkenntnisse und Verfahren nutzen kann und scheinbar durch reines Denken zu überraschenden, der Alltagserfahrung unzugänglich Aussagen gelangt. Auf diese Weise dringt die theoretische Physik von konkreten Naturerscheinungen und experimentellen Befunden zu den wesentlichen Gesetzmäßigkeiten und Strukturen der – unbelebten – Natur vor. Nicht, dass es Gesetzmäßigkeiten in der Natur gibt, sondern dass man diese mathematisch formulieren kann, betrachten Naturwissenschaftler als eine der erstaunlichsten und keinesfalls selbstverständlichen Eigenschaften der Natur.

Naturwissenschaftliche Theorien gehören im Modell des Wissenswürfels (vergl. Kapitel 2) zum Wissenszustand "Abstraktes Wissen, Systemverständnis", der erreicht werden muss, um komplexe Systeme und Vorgänge in Natur, Technik und Gesellschaft zu strukturieren und zu verstehen.

Die wohl berühmteste Formel der Welt $\mathbf{E=mc^2}$ ist sehr einfach, enthält aber eine fundamentale physikalische Aussage mit weit reichenden praktischen und politisch-militärischen Konsequenzen. Denn die Erkenntnis, dass eine winzige Masse $\mathbf{m}$ einem riesigen Betrag an Energie $\mathbf{E}$ entspricht, erklärt nicht nur die Leuchtkraft der Sonne, sondern ermöglichte auch den Bau von Kernkraftwerken und Nuklearwaffen. Die Energie-Masse-Äquivalenz wurde von Albert Einstein im Rahmen der Speziellen Relativitätstheorie als Konsequenz der physikalisch-mathematischen Modelle gefunden und nicht durch Interpretation experimenteller Messungen. Denn empirische Erkenntnisse erlauben in der Regel nur kontinuierliche Verbesserungen bestehenden Wissens. Über Versuch und Irrtum tastet man sich langsam vorwärts, wobei der bislang zurückgelegte Weg die Möglichkeiten festlegt, Neues zu finden. Deshalb dürfte die Wahrscheinlichkeit dafür, dass die stete Weiterentwicklung der mechanischen Rechenmaschine die heutigen, auf Halbleitertechnik und Mikroelektronik beruhenden, Computer hervorbringen konnte, praktisch bei Null liegen. Denn ohne eine neue Physik - die Quantentheorie - gäbe es weder Transistoren noch Halbleiterchips und somit keine Mikroelektronik.

Empirische Erfahrung hat Grenzen, weshalb wir das Sonnenlicht zwar sehen und seine Wärme spüren, doch ohne aus diesen Sinneseindrücken auf die Natur des Lichts als elektromagnetische Welle schließen zu können. Bis zu J. C. Maxwells[7] theoretischen Arbeiten ahnte man nicht einmal, dass es elektromagnetische Wellen gibt. Erst nachdem Maxwells Feldgleichungen die Wellen theoretisch vorausgesagt hatten, suchten Physiker danach, und nur deshalb gelang Heinrich Hertz im Jahre 1888 ihr experimenteller Nachweis - als eindrucksvolle Bestätigung der Maxwell'schen Theorie.

Wenn sich der Wissenschaftler mittels abstrakter Modelle zeitweise von den sinnlich erfahrbaren oder messbaren Ereignissen und Erscheinungen abkoppelt, werden Innovations- und Erkenntnissprünge möglich, die schlagartig völlig neue Einsichten eröffnen und bislang Unbekanntes aufzeigen.

Wissenschaft führt zu kalkulierbaren Ergebnissen

Von Maschinen, Apparaten und Verfahren erwarten wir, dass sie so funktionieren, wie es von den Konstrukteuren geplant wurde. Das Verhalten der einzelnen Teile und ihr Zusammenspiel muss man deshalb hinreichend genau berechnen, prognostizieren und – bei bekannten Ausgangsbedingungen – reproduzieren können.

Reproduzierbarkeit erfordert allerdings nicht absolute Gleichheit, weshalb Abweichungen von einem theoretischen Ideal erlaubt sind. Wie groß diese im Einzelfall sein dürfen, definieren Gremien, Unternehmen und Behörden in Standards und Normen.

Bis zur Entwicklung der Quantenphysik nahm man an, dass die

Messgenauigkeit allein durch den Stand der Technik bestimmt wird. Heute weiß man, es gibt eine natürliche Genauigkeitsgrenze für die gleichzeitige Messung bestimmter physikalischer Größen wie zum Beispiel Ort und Geschwindigkeit eines Teilchens, die durch die *Heisenbergsche Unschärferelation*[8] beschrieben ist. Da man ohne die exakte Kenntnis von Startpunkt und Anfangsgeschwindigkeit eines Teilchens dessen künftige Bahn nicht beliebig genau berechnen kann, sind gemäß den Aussagen der Quantenphysik generell nur Wahrscheinlichkeitsaussagen zum künftigen Verhalten von physikalischen Körpern möglich. Solange voneinander abweichende Anfangsbedingungen jedoch zum gleichen späteren Zustand führen, kann dieser nach wie vor sehr genau vorhergesagt und berechnet werden. Abbildung 12 illustriert diesen Sachverhalt anhand des stabilen und labilen Gleichgewichts einer Kugel. Befindet sich die Kugel innerhalb einer Schüssel, wird sie, wenn ihre Bewegungsenergie aufgrund der Reibung in Wärme umgewandelt wurde, am Boden zur Ruhe kommen; ganz gleich, an welcher Stelle sie sich zu Anfang befand. Liegt die Kugel aber auf dem obersten Punkt der umgedrehten Schüsse, führen bereits kleine Unterschiede der Lage zu völlig unterschiedlichen Endzuständen.

Für die moderne Festkörperphysik, auf der die Mikroelektronik und Nanotechnologie beruhen, sind die Phänomene der Quantenphysik nichts Außergewöhnliches, sondern Normalität und Grundlage für neue Experimente und Technologien. Zwar können die Bahnkurven von Elementarteilchen nicht exakt vorherbestimmt werden, aber man erzielt kalkulierbare Ergebnisse anderer Art. Denn nur die einzelnen Elektronen gehorchen statistischen Gesetzen, nicht aber die digitalen Zustände eines elektronischen Bauelements, und auch nicht die Softwaresysteme, die – getrieben durch den Takt des Prozessors – eine Art gigantisches digitales Uhrwerk darstellen.

---

[8] Die Heisenbergschen Unschärferelation lautet: dx ·dp > h, wobei dx, dp die Ungenauigkeiten für Ort und Impuls sind, und h eine Konstante.

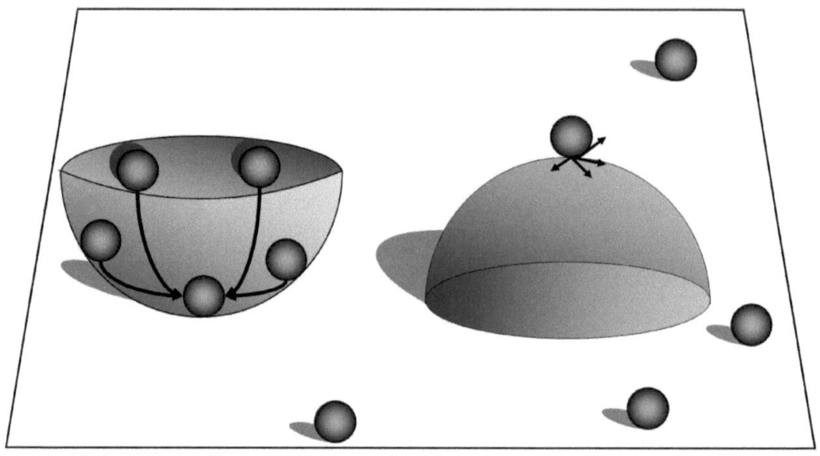

Abbildung 12 Stabiles und labiles Gleichgewicht

Statistische Gesetze erlauben sehr genaue Aussagen über eine große Anzahl Individuen oder für sehr viele Wiederholungen des gleichen Vorgangs, nicht aber für den Einzelnen oder im Einzelfall. Was einem persönlich widerfährt oder wie ein einzelnes Ergebnis ausfällt, ist nicht exakt vorhersagbar. Lottogesellschaften können deshalb sehr gut den zu erwartenden Gesamtgewinn und die Verteilung der richtigen Tipps bestimmen, und so im Großen hinreichend genau kalkulieren. Welche Person den Jackpot knacken wird, ist reiner Zufall, und für den Lottobetreiber nicht von Interesse.

Anders für den Lottospieler, denn ihm nutzt es nichts, wenn laut Statistik jede Woche irgendeiner der Mitspieler Millionär wird. Zu groß ist der mögliche Gewinn, als dass er sich widerstandslos dem unerbittlichen Diktat eines nüchternen statistischen Gesetzes unterwerfen möchte. Pseudowissenschaften wie die Astrologie oder andere Methoden des Wahrsagens schließen bereitwillig die vermeintliche Lücke. Denn eines ihrer Spezialgebiete besteht in der individuellen

Zukunftsprognose. Sie befriedigen damit das tief verwurzelte Bedürfnis der Menschen, das eigene Schicksal zu kennen - zumindest solange dieses positiv ist.

Hier muss die Wissenschaft passen. Denn Kalkulierbarkeit im wissenschaftlichen Sinne bedeutet nicht, in jedem Fall beliebig genaue, sondern immer wahre Vorhersagen zu treffen. Und die Wahrheit kann auch in der Einsicht bestehen, im Einzelfall nichts Bestimmtes aussagen zu können.

Innovation

Wiederholt haben herausragende Erfindungen, Neuheiten oder, wie es heute heißt, Innovationen das Leben der Menschen radikal verändert. Zu den Meilensteinen der menschlichen Entwicklung gehören die Beherrschung des Feuers, die Dampfmaschine und ihr Nachfolger der Verbrennungsmotor, die Erzeugung und Nutzung des elektrischen Stroms, die elektromagnetischen Wellen mit Funk, Radio und Fernsehen, der Personalcomputer, das Internet und das Smartphone (und seine Apps). Die genannten Erfindungen führten zu Abertausenden Folgeprodukte und brachten neue Industriezweige mit Millionen von Beschäftigten hervor.

Außergewöhnliche und grundlegende Entdeckungen können nicht geplant werden. Zwar setzen sie einen gewissen Stand des Wissens und der Technologie voraus, aber der Zeitpunkt, der Ort und das konkrete Ergebnis sind nicht voraussehbar. Die Wahrscheinlichkeit, dass bislang unbekannte Phänomene gefunden werden, erhöht sich jedoch, wenn Grundlagenforschung betrieben wird. Ob es aber weitere, bislang unbekannte und heute unvorstellbare Dinge und Gesetze in der Natur gibt, bleibt offen.

Man kann sich zwar ausmalen, wie die Antischwerkraft die gesamte Weltwirtschaft und alle bisherigen Transporttechnologien revolutionieren würde, doch nichts deutet heute auf eine solche Möglichkeit hin. Derartige Technikphantasien ähneln den Vorstellungen von Geistern, Zwergen, Kobolden, Feen, Goldeseln oder Siebenmeilenstiefeln, von denen die Menschen im Mittelalter träumten.

Zahlreiche frühere Wünsche sind heute Wirklichkeit, wenn auch nicht so, wie einst erwartet. Wir fliegen mit Maschinen und nicht auf Teppichen durch die Luft, und angesichts des Arsenals moderner Waffen erscheint das mächtigste Zauberschwert als Spielerei. Wie hätte der Alltagsverstand und die Phantasie der Menschen vor ein paar hundert Jahren, ja sogar Anfang des 20. Jahrhunderts, auch ausreichen können, um sich die Zerstörungskraft einer Atombombe vorzustellen? Denn wirklich Neues können wir nicht einmal denken. Es wird häufig gefunden, ohne dass direkt danach gesucht wurde. Einmal entdeckt, revidiert und erweitert es unsere Vorstellungen, nötigt uns, neue Begriffe zu finden und stellt alle bisherigen Erkenntnisse, Technologien, Produkte und Dienstleistungen auf den Prüfstand.

Unerwartete Gedanken, Ideen und Erkenntnisse entstehen nicht zwangsläufig dort, wo die Vorhut der Wissenschaft mit dem größten Einsatz an Ressourcen und im Blickfeld der Öffentlichkeit forscht. Doch begünstigen Forschungsschwerpunkte und Großprojekte durch den intensiven Gedankenaustausch hunderter Wissenschaftler spontane Erfindungen und Entdeckungen. Zielgerichtete Spitzenforschung schafft schon deshalb ein positives Innovationsklima, weil ihre Anforderungen die Grenzen des Gewohnten überschreiten. Und Not macht bekanntlich erfinderisch, besonders dann, wenn sie mit Kreativität, Fachwissen, Begabung, umfassender Kommunikation und Eigenverantwortung gepaart ist.

Weil Innovationen neu sind, können sie nicht aus einer Wissensdatenbank oder einem Wissensmanagementsystem abgerufen werden. Der schöpferische Prozess und die kreative Leistung, welche Wissen schaffen, finden im Gehirn der Menschen statt. Dieses bringt unzählige Muster, Bilder und deren vielfältige Kombinationen hervor, ohne dass wir seine Tätigkeit immer bewusst steuern. Wenn jemandem *ein Licht aufgeht*, produziert sein Gehirn offenbar ein neues Muster, welches als Lösung für ein gesuchtes Problem erkannt wird. Zwei Voraussetzungen scheinen deshalb für Innovationen notwendig zu sein:

- die Erzeugung hinreichend vieler neuer, geeigneter Gedankenmuster, um so die Wahrscheinlichkeit zu erhöhen, dass Lösungsmuster entstehen

- das Erkennen des Lösungsmuster als solches

Wer sein Fachgebiet beherrscht, dessen ungelöste Probleme und Grenzen kennt und fähig ist, allgemein Akzeptiertes und Gewohntes in Frage zu stellen, ist auf dem richtigen Weg, Neues zu entdecken.

Fachwissen und Erfahrung: ein Auslaufmodell?

Fachwissen - hoch strukturiert, aber nicht formal

Unter Fachwissen, auch Fachkompetenz oder Sachwissen genannt, versteht man die Fähigkeiten, Fertigkeiten und Kenntnisse, eine fach- oder berufsspezifische Aufgabe selbständig, zielgerichtet und mit dem erwarteten Ergebnis zu bewältigen. Im Modell des Wissenswürfels gehört das Fachwissen zu einem der folgenden Wissenszustände:

- Systemkenntnis, umfassendes Wissen
- Systemverständnis, abstraktes Wissen (Gesamtverständnis)
- Spezialistenwissen (fachspezifische Details und Regeln)
- Mechanisches Wissen (Routine)

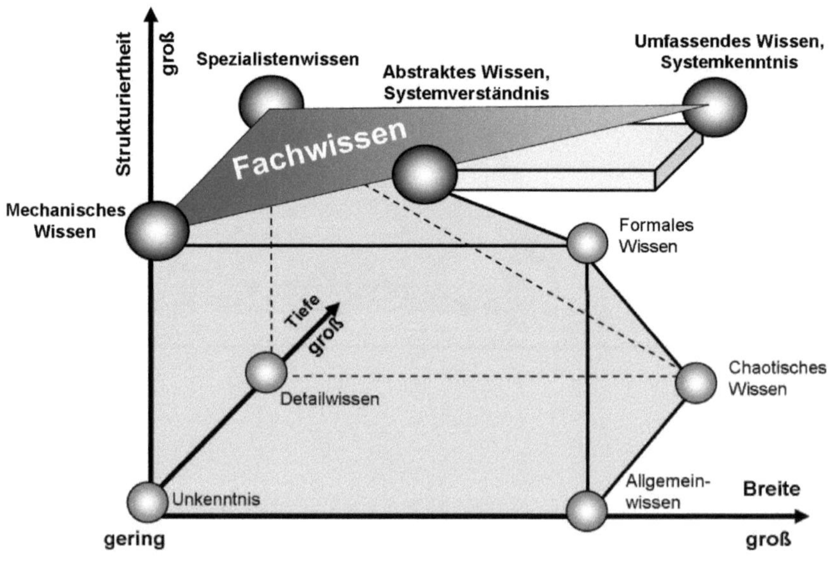

Abbildung 13 Fachwissen - hoch strukturiert, aber nicht formal

Fachwissen umfasst alle hoch bewerteten Wissenszustände. Ohne Wissen von entsprechender Güte lassen sich keine brauchbaren Ergebnisse erzielen. Fachwissen muss detailliert und strukturiert sein und den Blick fürs Ganze ermöglichen. Es vereint theoretische Kenntnisse mit automatisierten Fertigkeiten und Routine. Es wird ständig verbessert und erweitert, mit dem Ziel, umfassendes Wissen über ein Fachgebiet zu erlangen

Der Verlust an Fachwissen, wie ihn Abbildung 14 illustriert, schränkt die Fähigkeit ein, neue Werte zu schaffen, und ebenso die Kompetenz, fachliche Entscheidungen zu treffen.

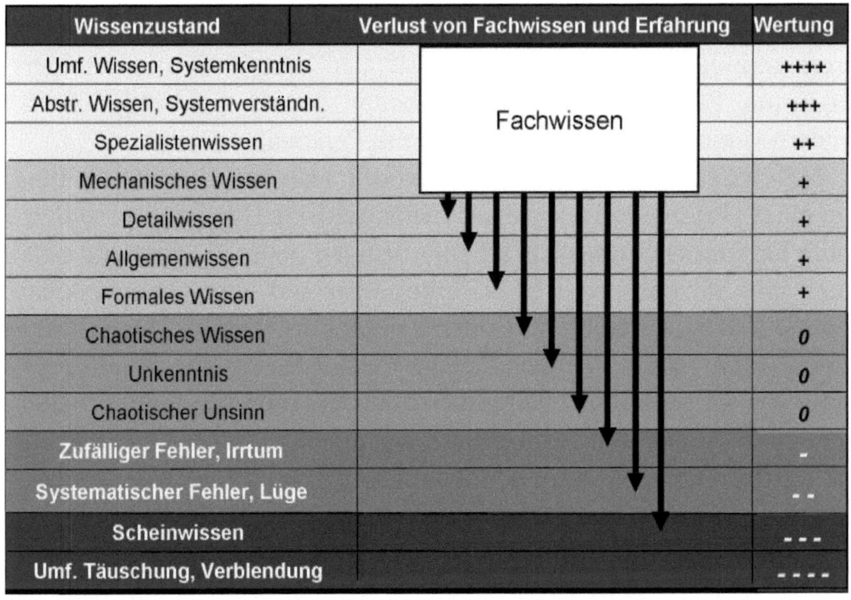

Wissenzustand	Verlust von Fachwissen und Erfahrung	Wertung
Umf. Wissen, Systemkenntnis		++++
Abstr. Wissen, Systemverständn.		+++
Spezialistenwissen		++
Mechanisches Wissen		+
Detailwissen		+
Allgemenwissen		+
Formales Wissen		+
Chaotisches Wissen		0
Unkenntnis		0
Chaotischer Unsinn		0
Zufälliger Fehler, Irrtum		-
Systematischer Fehler, Lüge		- -
Scheinwissen		- - -
Umf. Täuschung, Verblendung		- - - -

Abbildung 14 Zustandsübergänge bei Verlust von Fachwissen

Ersetzt: Jugendwahn statt Altersweisheit

Jugendwahn und Altersweisheit sind Schlagwörter. Sie polarisieren und versuchen komplizierte Sachverhalte auf einen einfachen, einprägsamen Begriff zu reduzieren. Doch weder macht das Alter automatisch weise, noch sind allein die Jungen flexibel, motiviert und leistungsfähig.

Vom finanziellen Desaster beim Platzen der New-Economy-Blase blieben zum Beispiel weder Alte noch Junge verschont. Die Aussicht auf das schnelle Geld vernebelte junge wie ältere Hirne. Gleiche Fehler deuten jedoch nur auf gleiche Schwächen hin und sagen nichts über die Stärken aus. Letztere sehen die Personalverantwortlichen eindeutig auf Seiten der Jugend. Äußeres Kennzeichen hierfür ist der schrumpfende Anteil älterer Mitarbeiter in deutschen Unternehmen. Ein Grund für die bevorzugte Einstellung junger Menschen besteht in ihrem geringeren Gehalt und den fehlenden Vergünstigungen seitens der Firma. Privilegien älterer Mitarbeiter werden nicht abgeschafft, sondern verschwinden schrittweise beim Personalaustausch.

Neben geringeren Lohnkosten erhofft sich die Geschäftsleitung von einer verjüngten Belegschaft mehr Leistung, Innovation und erhöhte Flexibilität. Junge Mitarbeiter bringen neues Wissen und neue Ideen mit. Sie sind physisch hoch belastbar und – solange sie keine Familie haben – zeitlich und örtlich besonders flexibel. Junge Menschen hatten zudem weniger Zeit und Gelegenheit, um negative Erfahrungen zu sammeln. Sie sind deshalb unvoreingenommen, leicht zu begeistern und nicht so skeptisch wie ältere Kollegen. Ihre berufliche Karriere steht erst am Anfang und spornt sie zu Höchstleistungen an.

Langjährige Mitarbeiter kennen das Unternehmen aus guten wie aus schlechteren Zeiten und lassen sich nicht durch alten Wein in neuen Schläuchen begeistern. Sie verfügen über nicht dokumentiertes, implizites, Wissen bezüglich informeller Regeln, Gewohnheiten, Besonderheiten und Ausnahmen. Verlassen die Älteren abrupt die Firma, kann dieses Wissen für immer verloren gehen. Geben sie es kontinuierlich an jüngere Kollegen weiter, bleibt ihr Erfahrungsschatz der Firma erhalten.

Erfahrung braucht Zeit, und Spitzenprodukte brauchen Erfahrung. Sie entstehen nicht auf einen Schlag, sondern erfordern mehrere Verbesserungszyklen. Nur Erzeugnisse, die über Jahre am Markt präsent sind, entwickeln sich zu Marken. Wer vorn bleiben will, darf Trends nicht verschlafen. Und ihm bleibt keine Zeit, das Rad ständig neu zu erfinden. Permanente Erneuerung bei steigender Qualität erreicht man am besten mit neuen Ideen, zeitgemäßen Technologien und langfristigen Konzepten. Ein Mix aus der Erfahrung und Weitsicht der älteren Mitarbeiter und der Begeisterungsfähigkeit und Innovationskraft der jungen Generation schafft beste Voraussetzungen für den langfristigen Unternehmenserfolg.

Lassen sich junge Mitarbeiter allerdings mehr von den kurzfristigen Karrieremöglichkeiten als vom langfristigen und dauerhaften Erfolg des Unternehmens leiten, schätzen sie „Bedenkenträger“ in Form erfahrener und kritischer Kollegen wenig. Denn wie soll man sich profilieren, wenn man permanent darauf hingewiesen wird, dass die eigenen Erkenntnisse weder besonders neu noch in der Vergangenheit sonderlich erfolgreich waren?

Naturwissenschaft und Technik – wir vergessen was uns reich machte

Millionen bewunderten Michael Schuhmacher. Sie bewunderten Michael Schuhmacher, den Rennsieger und Michael Schuhmacher, den Millionär. Die Wenigsten werden Michael Schuhmacher als Automechaniker bewundert haben. Speziell seine technischen Kenntnisse waren aber Grundbausteine seines - und Ferraris - Aufstieg zur Weltspitze. Die Liebe zum technischen Detail, zur Präzision, das Tüfteln und Verbessern bis tief in die Nacht und die Disziplin und Ausdauer, ein Ziel über Jahre zu verfolgen, sind wesentliche Ursachen nicht nur seines Erfolgs. Denn das entsprechende Können deutscher Ingenieure, Techniker und Naturwissenschaftler hat auch Deutschland als Industrienation groß gemacht. Und noch heute profitieren wir von ihren Leistungen und ihrem Ideenreichtum. Doch wie lange noch?

Immerhin hat es Michael Schuhmacher einmal auf Platz 26 des ZDF-Ranking „Unsere Besten (Deutschen)"[9] geschafft. Lebende deutsche Physik-Nobelpreisträger hatten weniger Glück, denn sie fanden sich nicht unter den Top-200. Vielleicht sind sie aber auch froh darüber. Denn wo Daniel Kübelböck – wer kennt ihn heute noch? – den 16. Platz einnahm, und damit hinter Helmut Kohl als zweitbester lebender Deutscher erschien, kann Abwesenheit die eigentliche Ehrung sein. Nachdenklich stimmt, dass dieses Ranking aus einer ZDF-Abendsendung und nicht aus der Nachmittags-Talkshow eines Privatsenders resultiert.

Ein weiteres Beispiel für das Desinteresse an einer herausragenden technischen Leistung war die Berichterstattung über den ersten gelungen Start der Europäischen Schwerlastrakete Ariane-5 ECA am 12. Februar 2005. Worum es dabei ging, kann man einem Artikel des „Spiegel Online" vom 13.2. 2005, entnehmen. Zitat:

---

[9] Die ZDF-Aktion „Unsere Besten" fand 2003 statt

„'Uns sind eine ganze Menge Steine vom Herzen gefallen', sagte der sichtlich erleichterte Präsident von EADS Space Transportation, Josef Kind, in Bremen. Mit dem Start der Schwerlastrakete Ariane-5 ECA untermauern die Europäer ihren Führungsanspruch auf dem hart umkämpften Markt für kommerzielle Satellitenstarts. Die weltweit größte kommerzielle Rakete, eine Weiterentwicklung der bewährten Ariane-5, kann bis zu zehn Tonnen Nutzlast und damit zwei Satelliten gleichzeitig ins All bringen. Im Dezember 2002 musste die Rakete kurz nach ihrem ersten Start wegen Triebwerksproblemen gesprengt werden. Die Europäer investierten nach heftigen Diskussionen noch einmal mehr als eine halbe Milliarde Euro, um die Rakete wieder flott zu machen. Insgesamt beziffert EADS die Kosten für die Entwicklung auf 1,7 Milliarden Euro. „

Wäre der Start wiederum misslungen, hätte ein solcher erneuter Fehlschlag das Aus für den Europäischen Schwerlastraketenbau bedeuten können. Der erfolgreiche Start war deshalb ein bedeutsames und außergewöhnliches Ereignis. Eine angemessene Würdigung in den Medien blieb allerdings aus. So fand sich beispielsweise auf der Start- und News-Seite des T-Online-Browsers am 13. Februar 2005 keinerlei Hinweis auf den Ariane-Start, sondern folgende Top-Meldung:

„Einsturzgefahr: Wolkenkratzer in Madrid steht in Flammen. Der Turm brennt seit Mitternacht. Die Hälfte des unbewohnten Gebäudes ist bereits zerstört".

Statt auf einen herausragenden und äußerst wichtigen technisch-wissenschaftlichen Erfolg hinzuweisen, wurde über den Brand eines unbewohnten Hochhauses in Madrid berichtet. Die Aufmachung der Nachricht - mit dem Bild des brennenden Gebäudes - war allerdings billige Sensationshascherei und setzte bewusst auf Assoziationen zum Terroranschlag vom 11. September in den USA.

Hätte man die Rakete allerdings wiederum spektakulär sprengen müssen wie beim vorangegangen Start, wären wir mit Berichten und Bildern des Desasters überschwemmt worden. Und ebenso hätten dann ungezählte Talkshows und Expertenrunden das Themas „Raumfahrt" aufgegriffen und stundenlang diskutiert: Über die Risiken – wie stark vergrößern Raketenstarts das Ozonloch? -, die Kosten – wie viele Brunnen könnte man in Afrika für einen Start graben? – oder Deutschland – Sollten die Deutschen nicht besser weniger oder gar nicht …?.

Da Katastrophen, Kriege, Skandale und Unterhaltung die besten Einschaltquoten bringen und deshalb die Medien beherrschen, dürfte es selbst bei gutem Willen der Verantwortlichen auch künftig schwierig sein, technische und wissenschaftliche Leistungen den Menschen bewusst zu machen, als es heute der Fall ist.

Solange sich genügend Wissenschaftler und Ingenieure finden, die für neue Ideen und Produkte sorgen und das Räderwerk der technischen Zivilisation am Laufen halten, glaubt man sich bedenkenlos „interessanten" Themen wie den UFOs oder der Seelenwanderung zuwenden sie können. Sie werden in „Expertenrunden" als ebenbürtige Alternativen zu wissenschaftlichen Erkenntnissen diskutiert und zum Anlass genommen, um öffentlich über die Grenzen des rationalen Denkens und der wissenschaftlichen Methoden zu sinnieren.

Inzwischen weiß man jedoch, dass in Deutschland der wissenschaftlich-technischen Nachwuchs nicht ausreicht, um den künftigen Bedarf zu decken, und Desinteresse und Gleichgültigkeit bezüglich naturwissenschaftlicher und technischer Berufe und Tätigkeiten ein Luxus ist, den wir uns nicht leisten können. Dass es in Deutschland überhaupt dazu kommen konnte, zeugt von wenig Weitblick und ist alles andere als weise.

„Wer zu spät kommt, den bestraft das Leben", hat Michael Gorbatschow wenige Wochen vor dem Fall der Berliner Mauer gesagt. Und für eine schnelle Änderung des Bildes von Naturwissenschaft und Technik im öffentlichen Bewusstsein ist es bereits zu spät. Denn während sich die deutschen Schüler und Studenten vermehrt nichttechnischen Berufen zuwandten und das wissenschaftliche Weltbild zugunsten irrationaler Erklärungen relativiert wurde, haben sich Naturwissenschaft und Technik ungebremst weiterentwickelt.

Schon lange genügt deshalb das Schulwissen nicht mehr, um die uns umgebende Technik zu begreifen. Jeder kann die technischen Produkte und Dienstleistungen zwar nutzen, aber für mehr als ein oberflächliches Verständnis reicht das Wissen eines Nur-Konsumenten zumeist nicht aus. Das Unverständnis und die daraus resultierenden Bedenken und Stimmungsschwankungen bei der Beurteilung neuer Verfahren und Erzeugnisse sind Symptome für den Verlust und den ungenügenden Aufbau von naturwissenschaftlich-technischem Wissen. Das war anders, als es noch Technik und Werkzeuge "zum Anfassen" gab.

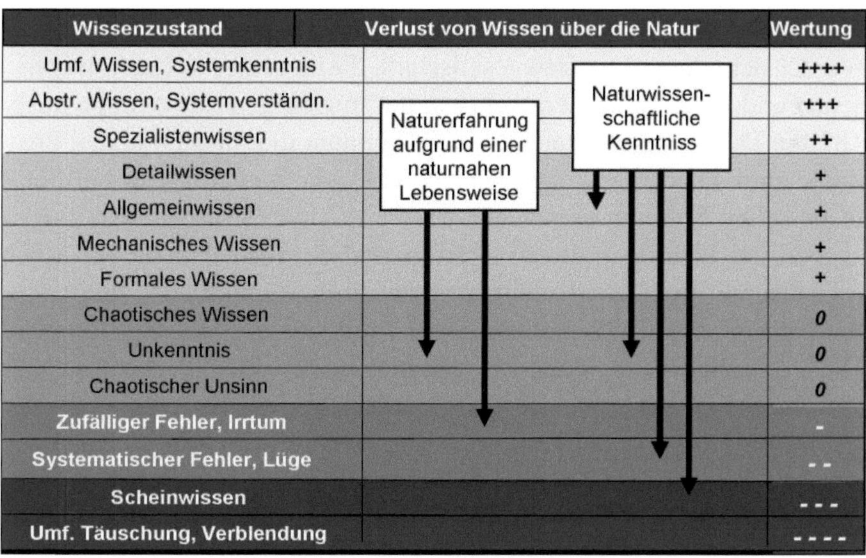

Abbildung 15 Verlust an Wissen über die Natur

Konsumieren ohne zu verstehen

Schauen wir einem Zimmermann bei der Arbeit zu, können wir allein aufgrund unserer Beobachtungen verstehen, wie ein Hammer, eine Handsäge oder eine Axt funktionieren. So verhält es sich mit allen einfachen Werkzeugen. Ihre Funktionsweise erschließt sich uns durch bloßes Beobachten. Auch vorindustrielle Maschinen und Fahrzeuge wie Windmühlen oder Postkutschen gaben einem aufmerksamen Betrachter das Wissen über ihre Wirkungsweise preis.

Die Industriegesellschaft brachte eine Vielzahl neuer Maschinen und Geräte hervor, die wir - in weiter entwickelter Form – auch heute noch kennen. Für ihr Verständnis reicht die klassische Physik aus. Denn es genügen Kenntnisse in Elektrotechnik, Optik, Mechanik und Wärmelehre, um die Prinzipien und Wirkmechanismen dieser Maschinen zu begreifen. Millionen Menschen in Fabriken, in Telefonzentralen, als Bahnangestellte oder als Arbeiter in der chemischen Industrie hatten direkten Kontakt mit Maschinen, Geräten und Verfahren. Ihr Wissen nach Schule und Lehre entsprach den Bedürfnissen der damaligen Industriegesellschaft. Trotz des gewaltigen technischen und industriellen Fortschritts, der in wenigen Jahrzehnten nach 1870 in Deutschland erreicht wurde, konnten die meisten neuen Produkte und Dienstleistungen auch ohne ein naturwissenschaftlich-technisches Studium verstanden werden.

Mit der Erfindung des Transistors und der Entwicklung der Mikroelektronik, der Lasertechnik und der programmierbaren Prozessoren entstanden jedoch qualitativ neue Produkte und Dienstleistungen. Diese beruhen nicht mehr auf der klassischen Physik, sondern auf den Gesetzmäßigkeiten der Quantentheorie - einem mathematisch-philosophisch anspruchsvollen Zweig der Physik. Ein tiefes Verständnis der neuen Technik ist darum allein mit Schulwissen nicht mehr möglich.

Mechanik, Elektrotechnik und selbst die einfache auf Röhren basierende Elektronik war Technik zum Anfassen und Anschauen. Digitale, durch Software gesteuerte Technik verliert zunehmend an Anschaulichkeit. So ist beispielsweise jeder mit etwas Geschick und Geduld in der Lage, eine einfache Schwarzwälder Kuckucks-Uhr aus einem Bausatz zusammenbauen und kann während der Arbeit sehen und verstehen, wie die Uhr konstruiert ist und wie sie funktioniert. Von einer Digitaluhr sieht man hingegen lediglich die Anzeige, aber nicht wie sie arbeitet. Denn die eigentliche Dynamik des digitalen Uhrwerks spielt sich innerhalb seiner Bauteile ab. Am leichtesten lässt sich seine Wirkungsweise noch an einem Modell – etwa einer Softwaresimulation – verdeutlichen.

Modelle sind ein wirksames, aber keinesfalls einfaches Mittel, um abstrakte Sachverhalte zu erläutern. Für das Verständnis von Softwareprodukten sind sie aber unerlässlich. Denn ein laufendes Programm existiert nur in Form unsichtbarer digitaler Muster, die unseren Sinnesorganen unzugänglich sind. Und der lesbare Quelltext moderner Software ist lediglich eine Bau- und Bedienungsanleitung für einen virtuellen Mechanismus, der erst bei Ausführung des Programms im Computer zum Leben erweckt wird. Wenn überhaupt, dann können die Struktur und das Verhalten eines Programms zur Laufzeit nur anhand von Modellen erläutert und nachvollzogen werden.

Die Zeiten, in denen Programme vor allem Algorithmen enthielten, sind spätestens seit dem Durchbruch der objektorientierten Programmiersprachen vorbei. Heute konstruieren Software-Architekten virtuelle Automaten, die in ihrer Komplexität realen Konstruktionen wie einer Chemieanlage oder einem Passagierflugzeug nicht nachstehen. Wir kommunizieren über Bildschirm, Drucker, Tastatur oder Maus mit den unsichtbaren digitalen Partnern, und diese steuern Maschinen, Fahrzeuge, Anlagen und sogar uns selbst.

Je tiefer die Wissenschaftler in die Geheimnisse der Natur eindringen und je mehr Ingenieure und Techniker grundlegende Naturgesetze für raffinierte Technologien und Produkten nutzen, desto weniger Menschen wissen, wie und warum diese detailliert funktionieren. Die Masse der Bevölkerung, selbst einer hoch entwickelten Industrienation, kann deshalb die moderne Technik benutzen, aber nur oberflächlich verstehen. "Schuld daran" ist der wissenschaftlich-technische Fortschritt mit seinem ungebremsten und beschleunigten Wissenszuwachs, der das vorhandene Wissen doppelt entwertet. Zum einen verringert es sich relativ zum Gesamtwissen und zum andren kann es veralten und weniger wert sein als vorher.

Als Nachteil oder Bedrohung empfinden den wissenschaftlich-technischen Fortschritt jedoch nur jene, die ihn nicht selbst mitbestimmen oder nicht von ihm zu profitieren glauben. In Singapore, Indien oder China arbeitet man zum Beispiel planmäßig und mit hohem Einsatz daran, Spitzenpositionen in Naturwissenschaft und Technik zu erlangen und zukünftig zu sichern. Deutschland stieß bereits vor mehr als einhundert Jahren zur Spitze vor, weshalb man mit Recht von einer naturwissenschaftlich-technischen Tradition sprechen kann. Doch Traditionen muss man pflegen, damit sie nicht verloren gehen, und mit ihnen die Fähigkeiten, Fertigkeiten und Denkmuster, die sie ausmachen.

Das Ende einer Tradition?

Wir leben erst seit etwa einhundert Jahren in einer technischen Zivilisation. Hier eine kleine Auswahl an Dingen, die man noch nicht kannte, als mein Großvater 1880 geboren wurde: Autos, Flugzeuge, Radio, Fernsehen, Film, Telefon, moderne Heizungsanlagen, Kühlschrank, Waschmaschine, elektrische Küchengeräte, Fax, Computer, Raketen, Satelliten, bemannte Raumfahrt, Röntgengeräte. In geschichtlich kurzer Zeit erfolgte seitdem eine beispiellose Umsetzung von Wissen in Erzeugnisse, die uns die heute selbstverständlichen technischen Gebrauchsgüter und die auf ihnen beruhenden Dienstleistungen bescherte.

Ebenso rasant entwickelten sich jedoch die militärischen Mittel und Möglichkeiten der Menschheit, einschließlich der Fähigkeit, sich selbst auszulöschen. Und unübersehbar waren auch die Umweltzerstörungen durch die industrielle Massenproduktion. Aufgeschreckt durch den Abwurf der Atombombe auf Hiroshima fanden sich zuerst die Physiker zusammen, um Konzepte für ein Leben der Menschheit „nach der Bombe" zu entwickeln.

Es folgten Massenbewegungen gegen Hochrüstung und Umweltzerstörung, die sich aber auf die westlichen Demokratien beschränkten. Unberührt davon führte in der Bundesrepublik Deutschland der Wiederaufbau der im zweiten Weltkrieg zerstörten Industrie zum so genannten Wirtschaftswunder. Als messbare Kenngrößen des wachsenden materiellen Wohlstands dienten Angaben über die Ausstattung der Haushalte mit Autos, Fernsehgeräten, Waschmaschinen oder Kühlschränken. Die allgemeine Verfügbarkeit und die hohe Qualität dieser Güter galt in der Zeit des Kalten Krieges als Beweis der Überlegenheit der freien Marktwirtschaft über das sozialistische Wirtschaftssystem.

Ungeachtet des technologischen Vorsprungs der westlichen Demokratien, setzten auch die Führer der sozialistischen Staaten ihre Hoffnung auf den wissenschaftlich-technischen Fortschritt. Sie glaubten, das sozialistische Gesellschaftssystem besäße die besseren Bedingungen für die Entfaltung der modernen Produktionsmittel; unter anderem deshalb, weil es auf einer materialistischen Weltanschauung beruhe. Der Materialismus betrachtet die Materie – und damit alle Objekte des Universums, mit denen sich die Physik beschäftigt – als real und als Ursache der beobachtbaren Phänomene. Die dialektische Methode sieht in Widersprüchen die Ursache für eine stetige Weiter- und Höherentwicklung in der Natur und im Denken. Der Dialektische Materialismus vereint beide philosophischen Ansätze. Er bietet keinen Platz für übersinnliche Erscheinungen, Geister, Kobolde und Wunder und seine Aussagen, soweit sie die Natur und deren Erkennbarkeit betreffen, stimmen mit der Physik als moderner Naturphilosophie bis auf philosophisch, spekulative Grenzfragen der Quantenphysik überein. Die Botschaft, dass Wissenschaft und Technik für den allgemeinen materiellen Wohlstand unerlässlich sind, war Teil der sozialistischen Propaganda, aber auch der Schulausbildung. Der Sozialismus scheiterte deshalb nicht an mangelnder Begeisterung für Wissenschaft und Technik, sondern an seiner staatlich gesteuerten, überregulierten und somit unflexiblen Planwirtschaft. Und wie der rasante Aufstieg Chinas zeigt, ist ein zentralistisches System ohne Planwirtschaft sehr wohl zu wirtschaftlichen und technischen Höchstleistungen fähig.

Im westlichen Teil Deutschland bedurfte es keiner staatlich verordneten Werbung für den wissenschaftlich-technischen Fortschritt, denn dieser konnte sich Dank des von den westlichen Alliierten initiierten Systems der sozialen Marktwirtschaft frei entfalten. Die Nachkriegssituation in der Bundesrepublik Deutschland war gekennzeichnet durch besonders günstige Bedingungen für den Aufbau einer modernen Konsumgüterindustrie:

- Als Besiegte des zweiten Weltkrieges war die Übernahme internationaler militärischer Verpflichtungen durch Deutsche zunächst ausgeschlossen
- Der Schutzschild der amerikanischer Atomwaffen und die Zugehörigkeit zur Nato sicherten das politische und wirtschaftliche System militärisch ab
- Die sozialistischen Staaten hatten sich und ihre Bürger wirtschaftlich und territorial abgeschottet und traten als ernsthafte wirtschaftliche Konkurrenten nicht in Erscheinung

Trotz oder gerade wegen des erreichten hohen Lebensniveaus vollzog sich jedoch mit Beginn der siebziger Jahre ein Prozess, der tatsächliche und konstruierte negative Aspekte von Naturwissenschaft und Technik in den Vordergrund rückte. Denn steigender Wohlstand heißt nicht nur, mehr zu besitzen, sondern auch, mehr verlieren zu können. Die Menschen in wohlhabenden Nationen betrachten Veränderungen, die neue Techniken und Erfindungen mit sich bringen, deshalb kritischer als die Bewohner von aufstrebenden oder Entwicklungsländern. Das dürfte ein Grund dafür sein, warum in

Deutschland die Begeisterung für die Natur- und Ingenieurwissenschaften ihren Zenit überschritten hat und sich stattdessen Gleichgültigkeit und Ablehnung ausbreiten.

Ein weiterer Grund für das nachlassende öffentliche Interesse könnte auch im gesunkenen Neuigkeits- und Unterhaltungswert der wissenschaftlichen Erkenntnisse bestehen. Denn die große Zeit der sensationellen physikalischen Entdeckungen und neuen Produkte liegt schon Jahrzehnte zurück. Am besten lassen sich noch die Grenzerfahrungen zwischen moderner Physik und Mystik vermarkten, da sie der spirituellen Neugier mehr entsprechen als nüchterne wissenschaftliche Fakten.

Ausdruck der fehlenden Begeisterung für Physik und Chemie bei jungen Menschen ist die Tatsache, dass beide Fächer an deutschen Schulen zu den unbeliebtesten zählen. Es kann aber auch einen viel trivialeren Grund geben, warum Physik und Chemie bereits als Abiturfächer abgewählt werden: sie sind schwierig und erfordern exaktes Wissen. Warum sich also anstrengen, um dann vielleicht doch nur eine mittelmäßige Note zu bekommen, die den Abitur-Durchschnitt drückt? Sind Chemie und Physik erst einmal abgewählt, kommt dies jedoch einer Vorentscheidung gegen ein entsprechendes naturwissenschaftliches Studium gleich.

Das Verhalten der jungen Generation steht in auffallendem Widerspruch zur wissenschaftlichen Tradition und wirtschaftlichen Realität Deutschlands. Schließlich waren es deutsche Physiker wie Albert Einstein, Max Planck oder Werner Heisenberg, die maßgeblich an der Formulierung der modernen Physik, speziell der Relativitätstheorie und der Quantentheorie, beteiligt waren und deren Erkenntnisse nicht nur das physikalische, sondern auch das philosophische Weltbild revolutionierten, und auch heute noch zählen naturwissenschaftlich geprägte Industriezweige zu den Schlüsselindustrien in Deutschland. Trotz aller Negativschlagzeilen über Störfälle oder gesundheitsgefährdende Stoffe gehört die chemische Industrie zu den größten Arbeitgebern des Landes. Und ohne angewandte Physik wären deutsche Spitzenleistungen in der Autoindustrie, dem Anlagen- und Maschinenbau, der Medizintechnik oder den alternativen Energietechnologien undenkbar.

Schüler, die sich intensiv mit Physik, Chemie und Mathematik auseinandersetzen, entwickeln methodische Fertigkeiten, die über das unmittelbare Unterrichtsfach hinaus gehen. Außerdem lernen sie den Unterschied zwischen wissenschaftlichen Erkenntnissen, Erfahrungswissen und unbewiesenen oder unbeweisbaren Hypothesen kennen, und können sich somit im Überangebot „alternativer" Lehren besser orientieren. Naturwissenschaftliche Fächer zeichnen sich durch ein hohes Maß an Rationalität, Logik und Exaktheit aus. Fehlende Kenntnisse lassen sich kaum durch forsches Auftreten und Rhetorik kompensieren. Vielleicht werden sie darum nur von Schülern geschätzt, die dafür auch eine gewisse Begabung besitzen. Dann zählen sie aber häufig zu den Lieblingsfächern.

Die Natur, das unbekannte Wesen

Auf einem Wandkalenderblatt
ein Leu sich abgebildet hat.

Er blickt dich an, bewegt und still,
den ganzen 17. April.

Wodurch er zu erinnern liebt,
dass es ihn immerhin noch gibt.

Christian Morgenstern

Ohne Naturkontakt keine Naturerfahrung

Tiere leben in der Natur, von der Natur und sind ein Teil von ihr. Viele Menschen in den Industrienationen sehen sich allerdings selbst außerhalb des natürlichen Geschehens und unterscheiden bewusst zwischen „den Menschen" und „der Natur". Das Spektrum ihrer diesbezüglichen Ansichten reicht von Naturverklärung und kitschiger Naturromantik über Angst vor Naturkatastrophen bis hin zu Schuldgefühlen gegenüber der natürlichen Umwelt.

Allein die Naturvölker, welche man explizit so nennt, bilden eine Ausnahme. Sie besitzen noch das Wissen, in der freien Natur zu leben und zu überleben. Dieses Wissen ist dem modernen Großstadtmenschen abhanden gekommen. Es wird ersetzt durch Vorstellungen von der Natur, die sich weniger auf eigene Erfahrungen, als auf Bücher, Filme und Zeitungsberichte stützen. Der Verlust an naturnahem Wissen macht uns abhängig vom Komfort einer modernen Zivilisation und hilflos, sollten wir ohne sie auskommen müssen.

Das Erfahrungswissen über die Natur gehört im Modell des Wissenswürfels, wie in Abbildung 15 dargestellt, zu den Zuständen „Spezialistenwissen", „Detailwissen" und „Allgemeinwissen". Modernes Naturverständnis erschließt sich über die Naturwissenschaften, die dem Zustand „Abstraktes Wissen, Systemverständnis" angehören.

Der Mangel an empirischem und Erfahrungswissen bezüglich der Natur, den unsere naturferne Lebensweise mit sich bringt, kann – zumindest teilweise - durch naturwissenschaftliche Kenntnisse ausgeglichen werden. Häufig fehlen aber beides: Naturerfahrung und naturwissenschaftliche Kenntnisse. Die doppelte Unkenntnis führt zu Orientierungslosigkeit bei der Beurteilung der Natur und der Stellung des Menschen in ihr. Wirkliche Gefahren in der Natur und für die Natur werden nicht erkannt. Scheinbare Gefahren rufen panische Reaktionen hervor und halten die Nation bis zur nächsten Schlagzeile in Atem.

Umso bereitwilliger folgt man Expertenmeinungen, Trends, Stimmungen und Gefühlen. Aber auch Experten irren oder verfolgen eigene Ziele. Vielleicht sind die Trends nur inszeniert und die Stimmungen künstlich aufgeheizt. Und auf unsere Gefühle sollten wir uns auch nicht bedenkenlos verlassen, reflektieren sie doch vor allem die eigene Befindlichkeit.

Der Folgeabschnitt handelt von der trügerischen Sicherheit, in der sich „weltgewandte" Touristen wiegen, die ihre wohlbehütete und standardisierte Hotelumgebung für „die Welt" halten. Die beiden anderen Abschnitte dieses Kapitels sind der romantischen Naturverklärung und der irrationalen Angst des modernen Menschen vor der Natur gewidmet.

Trügerische Sicherheit

Wer in einer zivilisierten, wohlgeordneten Umwelt lebt, braucht nicht zu wissen, welche Pflanzen und Früchte genießbar sind. Ebenso wenig dürfte er sich Gedanken über die Merkmale von trinkbarem Wasser machen oder die Wolkenformationen nach den ersten Anzeichen eines Unwetters absuchen. Wie eine Treibhauserdbeere wird der moderne Mensch von seiner technischen Infrastruktur gehegt und vor den Unbilden der ungebändigten Natur beschützt.

Die Leichtigkeit des Reisens und die zeitnahe Versorgung mit Neuigkeiten und Sachinformationen aus aller Welt gaukeln das globale Dorf, wie die Welt seit der Verfügbarkeit des Internets salopp bezeichnet wird, vor. Normierte Produkte und Dienstleistungen erwecken den Eindruck, dass man überall auf der Welt ähnlich geordnete und scheinbar bekannte Verhältnisse vorfindet wie daheim. Weltgewandtheit beschränkt sich nicht selten auf die Fähigkeit im Rahmen der etablierten Infrastruktur größere Entfernungen zu überwinden und in weltweit einheitlichen Hotelanlagen zu wohnen oder in Großstädten mit vergleichbarer Infrastruktur zu leben.

Sobald sich ein Tourist allerdings nur wenige Kilometer außerhalb der Flughäfen, Hotelanlagen und öffentlichen Verkehrswege bewegt, wird ihm die Fremdheit und Vielfalt anderer Kulturen und Länder schnell bewusst: Er versteht die ortsüblichen Sprachen und Dialekte nicht, kennt weder Flora noch Fauna und ebenso unbekannt und fremd sind ihm die geologischen Besonderheiten des Landes.

Die Sorglosigkeit bezüglich natürlicher Gefahren resultiert aus der vermeintlichen Ordnung und Sicherheit einer als global empfundenen und stetig verfügbaren, leistungsfähigen und intakten technischen Infrastruktur, welche die Rolle eines unsichtbaren Schutzengels übernommen hat. Die Technik kann jedoch nur dort Sicherheit bieten, wo das Geschehen kalkulierbar ist. Für Extremfälle oder sehr unwahrscheinliche, außergewöhnliche Situationen sind technische Systeme zumeist nicht ausgelegt. Erst wenn das Unwahrscheinliche eingetreten ist, so zum Beispiel ein sogenanntes Jahrhunderthochwasser, wird der Sicherheitsstandard angepasst. Wie verheerend sich die völlig falsche Beurteilung eines seltenen Naturereignisses auswirken kann, hat die Tsunamie-Katastrophe im Indischen Ozean am 24.12. 2004 gezeigt.

Tsunamies sind Meerswellen, die nach Seebeben oder bei Vulkanausbrüchen mit großvolumigen Erdrutschen entstehen. Die Welle wandert durch den Ozean und kann, wenn sie auf die Küste trifft, noch in Tausenden Kilometern Entfernung den Uferbereich verwüsten. Nähert sich zuerst ein Wellental der Küste, saugt dieses das küstennahe Wasser an, und das Meer trocknet wie bei Ebbe großflächig aus. Die Flutwelle erreicht erst etwa eine halbe Stunde nach Zurückweichen des Meeres das Ufer. Dieses Phänomen wurde schon häufig beobachtet und in Romanen wie „Die letzten Tage von Pompeji[10]" oder in Filmen wie „Krakatau[11]" künstlerisch verarbeitet.

Einige Besucher des Maikhao-Strands bei Phuket hatten das Glück, dass eine 10-jährige Schülerin aus Großbritannien wenige Wochen zuvor in der Schule vom seltsamen Verhalten des Meeres bei einem nahenden Tsunami gehört hatte. Gemeinsam mit ihrer Mutter warnte das Mädchen die Menschen am Strand und im nahen Hotel. Die Gewarnten konnten sich noch rechtzeitig in Sicherheit bringen, bevor die Wassermassen über den Strand und die dahinter liegenden Hotels hereinbrachen.

Den wenigsten Touristen an den Stränden rund um das Epizentrum des Seebebens schien jedoch das außergewöhnliche Zurückweichen des Meeres eine Warnung oder der Vorbote einer Flutwelle zu sein. Im Gegenteil! Sie sahen darin eine aufregende Abwechslung ihres Urlaubsalltags und hatten nichts Besseres im Sinn, als die nun frei zugänglichen Korallen zu besichtigen und die in hunderten Meerestümpeln zurückgebliebenen Seetiere hautnah und ohne Taucherausrüstung zu fotografieren. Selbst als die Welle schon auf den Strand zurollte, waren einige Urlauber noch hellauf begeistert, und ihre größte Sorge bestand darin, gute Bilder des seltenen Ereignisses für das heimische Album zu schießen.

---

[10] Roman von Edward George Bulwer-Lytton, einem der erfolgreichsten englischen Romanautoren des 19. Jahrhunderts (http://de.wikipedia.org/wiki/Edward_Bulwer-Lytton)

[11] Die Vulkaninsel Krakatau wurde beim Ausbruch des Vulkans am 27. August 1883 vollkommen zerstört.

Es mussten mehrere Faktoren zusammentreffen, damit eine so große Anzahl Menschen Opfer der Flutwelle wurden:

- Die Unkenntnis der physikalischen Gesetzmäßigkeiten von Flutwellen gepaart mit fehlender Erfahrung angesichts des außergewöhnlichen Verhaltens des Meeres
- Das Gefühl der völligen Sicherheit in einer idyllischen Natur, deren Veränderungen und Unregelmäßigkeiten als Bereicherung des Freizeitvergnügens, aber nicht als Gefahr betrachtet wurden
- Naive Neugier und Sensationsgier seitens der Touristen, die, statt sich vom Strand zu entfernen, der Flutwelle entgegen gingen
- Fehlende technische und traditionelle Frühwarnsysteme
- Mangelnde Eigenverantwortung der Touristen, die sich in Sicherheit wähnten, weil offiziell nicht verlautbar wurde, dass Unsicherheit bestehen könnte

Berichte und Fakten über ähnliche Ereignisse im Internet und moderne Kommunikationsmittel haben die Katastrophe nicht verhindern können. Denn die Existenz wertvoller Informationen und die Mittel zu ihrer Verbreitung kompensieren weder das Unwissen in den Köpfen der Menschen noch die verloren gegangenen Handlungsmuster unserer Vorfahren. Einer dieser Ur-Instinkte äußert sich in Vorsicht und Angst in Anbetracht ungewöhnlicher oder unbekannter Ereignisse, Umstände oder Erscheinungen.

Tiere haben bezüglich natürlicher Gefahren wahrscheinlich besonders sensible Sensoren, weshalb sie sich vor der Flutwelle auf Hügel retteten. Aber auch die Ureinwohner verschiedener Inseln entkamen mehrheitlich der Flut. Nicht weil sie besonders weise oder mit speziellen Naturkräften ausgestattet sind, sondern einfach wegen ihrer naturnahen Lebensweise und Naturerfahrung. Diese bewog sie angesichts des veränderten Verhaltens der Tiere und des Meeres, sich vom Ufer fern zu halten und sicherheitshalber auf die umliegenden

Hügel zu klettern. Im Gegensatz zum vernünftigen Handeln der Ureinwohner verhielten sich die Touristen beim Nahen der Flutwelle wie die Besucher eines Disneylandes, die ihren Eintritt bezahlt haben und dafür Nervenkitzel ohne tatsächliche Gefahr erwarten.

In der Ausnahmesituation des Tsunami zeigte sich, dass weder theoretische Schulbildung, noch ein Studium oder die vielfältigen technischen Möglichkeiten der Informationsübertragung ein Garant für anwendungsbereites Wissen und Können sind. Nur ein erst zehnjähriges Kind konnte sein Schulwissen anwenden und in Zusammenhang mit dem Geschehen vor seinen Augen bringen. Die meisten Strandbewohner waren sorglos. Denn bei der Suche nach neuen Reizen, Events und Spaß, bleiben wache Sinne und ein klarer Verstand oft auf der Strecke.

Naturverklärung und Naturromantik

Naturromantik ist keine Erscheinung unserer Zeit. Sie erlebte in Gestalt der bildenden Kunst, Literatur und Musik in der ersten Hälfte des 19. Jahrhunderts eine Blütezeit. Die romantischen Landschaftsbilder von Caspar David Friedrich oder Carl Spitzweg sind auch heute noch beliebte Motive und kehren regelmäßig als Illustrationen und Kalenderblätter wieder. Doch der Grat zwischen romantischer Kunst und Kitsch ist – nicht nur in der Malerei - sehr schmal.

Ein geschöntes und verklärtes Naturbild mit dem Hang zum Kitsch ist Teil der Unterhaltungs- und Tourismusindustrie. Die Natur präsentiert sich als riesiger Freizeitpark und statt realer Naturerfahrung wird dem Konsumenten ein idealisiertes und verfremdetes Naturbild offeriert. Werbefilme und –plakate nutzen überzeichnete Natur- und Landschaftsbilder, um gefühlsbetonte Stimmungen zu erzeugen, die im Betrachter den Wunsch und die Sehnsucht nach Freiheit, Stärke, Romantik, Abenteuer und Größe wecken sollen. Man suggeriert dem potenziellen Kunden, dass seine Träume, wenn schon nicht gänzlich, so doch zumindest ein Stückchen, wahr werden, sobald er das beworbene Produkt kauft. Die Werbung informiert nicht mehr über Produkteigenschaften, sondern inszeniert große Gefühle. Nicht selten erfährt man erst am Ende des Spots, wofür dieser eigentlich wirbt. Großartige, romantische Naturbilder scheinen zumindest in den Augen der Werbestrategen geeignet zu sein, die Sehnsüchte des Menschen in Kaufabsichten zu transformieren.

Die moderne Computergrafik und 3D-Animationen eröffnen den Marketingexperten fast ungeahnte Möglichkeiten, mit der Realität zu spielen. Man kann nicht nur fotorealistische Naturszenarien schaffen, sondern diese beliebig verfremden oder mit künstlichen und künstlerischen Elementen verknüpfen.

Die gleiche Technik steht jedem Filmemacher, Wissenschaftler und sogar in gewissem Maße jedem PC-Besitzer zur Verfügung. Werden virtuelle, im Computer generierte Landschaftsanimationen mit ebenfalls animierten Tieren bevölkert, kann zwischen Naturdokumentation und Natursimulation kaum noch unterschieden werden. Bewusst oder zufällig fließen menschliche Verhaltensweisen, Verhaltensnormen oder einfach nur die Ansichten und Wünsche der Autoren in die Naturdarstellungen ein. Dem Betrachter bleibt es überlassen zu entscheiden, ob das Sozialverhalten der Saurier, Ameisen und Bienen auf einer wissenschaftlichen Analyse beruht oder ob Filmemacher und Schriftsteller lediglich die eigenen Vorstellungen von einer besseren Welt auf „ihre" Tiere und Landschaften projizieren.

Mit der wirklichen Tier- und Pflanzenwelt haben „vermenschlichte" Tierfilme wenig gemein. Denn die Natur ist weder gut noch böse. Und gerecht im menschlichen Sinne ist sie schon gar nicht. Denn je einfacher die Lebewesen sind, desto weniger zählt das Individuum. Und damit Einer überlebt, werden Hunderte geopfert. Eine friedliche, natürliche Solidargemeinschaft wird der Naturromantiker bei genauerem Hinschauen vergeblich suchen. Und sobald ihn eine Biene sticht oder ein Marder die Bremsschläuche seines BMW zerbeißt, holt ihn die Wirklichkeit ohnehin ein. Dann wird schnell der Ruf nach radikalen Maßnahmen laut, um derartigen Gefahren zu begegnen.

Denn verhalten sich Flora und Fauna nicht so, wie es die idealisierten Wunschvorstellungen vorgeben, schlägt die Enttäuschung darüber leicht in Zorn und Angst um. Nicht anders ergeht es der Tante in Wilhelm Buschs Bildergeschichte „Hans Huckebein", als sie den gefangenen Raben erstmals erblickt:

Naturverklärung ist kein neues Phänomen. Neu in der modernen Industriegesellschaft ist lediglich, dass immer weniger Menschen naturnah leben oder arbeiten. Und neu ist auch, dass perfekte Computersimulationen ein realistisch erscheinendes, aber beliebig formbares Naturbild vorgaukeln können.

Die strafende Natur

Im Alten Testament straft Gott die sündigen Menschen durch Naturkatastrophen. Die Strafe soll abschrecken, und so die Menschen zu besserem Handeln erziehen. Die Logik des Alten Testamentes besteht darin, dass der sündhaft geborene Mensch schuldig und jede Strafe seiner Schuld angemessen ist. Ein Baptistenprediger hat diesen Sachverhalt einmal so ausgedrückt: „An der Größe Eurer Strafe werdet ihr die Größe Eurer Schuld erkennen!".

Im Zusammenhang mit der Diskussion um den Klimawandel scheint bei überreagierenden Aktivisten oder halbwissenden Beobachtern und Sensationshaschern eine ähnliche Logik zu herrschen. Denn je größer eine Naturkatastrophe und je höher die Anzahl der Opfer, desto mehr finden sie sich in ihrem Urteil bestätigt, dass die Menschheit nun die gerechte Strafe für ihre Verbrechen an der Umwelt erhält. Die Natur wird zum Rächer in eigener Sache und züchtigt den Menschen, der den biblischen Auftrag „Macht Euch die Erde untertan" zu eifrig erfüllt hat, für sein – die Natur zerstörendes – Handeln. Besonders in den entwickelten Industrienationen ist die Meinung verbreitet, dass der Mensch nicht Teil der Natur sei, sondern das störende Element des natürlichen Gleichgewichts. Somit wäre es nur recht und billig, wenn die Natur den Störenfried entfernt, und die Menschheit - der schon das Paradieses verlustig gegangen ist - gleich aus dem gesamten Naturgeschehen verbannt. Die Erde, ohne die Eingriffe des Menschen, wäre dann wieder in einem vorbildlichen und erstrebenswerten Zustand.

Doch der Natur ist jeder Zustand recht, egal ob mit oder ohne Menschen. Man braucht also nicht die Menschheit auszurotten, nur um die Natur zu retten. Allerdings glaube ich ohnehin nicht, dass jemand ernsthaft diese Alternative erwägt, und gleich gar nicht kann ich mir vorstellen, dass er mit sich selbst beginnen würde. Worum es wirklich – und selbst den Mahnern vor der Weltkatastrophe - geht, ist der Erhalt der natürlichen Lebensgrundlagen und der Lebensqualität für die Menschen, die aufgrund der hoch technisierten Infrastruktur besonders anfällig gegenüber Naturkatastrophen sind. Denn je bequemer wir leben, desto mehr haben wir zu verlieren.

Die Angst vor Naturgewalten, die dem Menschen seine Existenzgrundlage rauben, ist nicht neu. Sie gab es auch vor hunderten von Jahren. Da die Ursachen vieler Naturphänomene unbekannt waren, glaubten die Menschen an Götter, die für verschiedene Naturerscheinungen wie Blitz oder Donner zuständig waren und die man gütig stimmen oder besänftigen konnte. Auch die Frage nach Schuldigen bei Unwettern, Dürre und Überschwemmung wurde schon immer gestellt. Mit Schuldzuweisungen stärkten Priester, Schamanen und Astrologen die eigene und die Macht ihrer Dienstherren und schafften unbequeme Konkurrenten oder Kritiker aus dem Weg. Dabei nutzten sie ihr Wissen über die Natur, um weniger gebildete Menschen zu verblüffen und zu manipulieren.

Die menschliche Tätigkeit selbst wurde jedoch nicht als direkte Ursache von Naturkatastrophen betrachtet, sondern nur als Auslöser des göttlichen Zorns, auch wenn Umweltzerstörungen als Folge des menschlichen Handelns keine „Erfindungen“ der Neuzeit sind . Das Roden der Wälder für den Bau der phönizianischen, römischen oder englischen Flotten ist nur ein Beispiel.

Heute sind wir uns der Umweltschäden und der daraus resultierenden Gefahren bewusst, denn weltweite Nachrichtennetze liefern uns alle großen Katastrophen frei Haus und nähren neue Ängste, zumal die technischen Mittel, die eigene Existenzgrundlage zu zerstören, nahezu unbegrenzt sind, und die hohe Siedlungsdichte zu mehr Opfern und Sachschäden führt als vor hundert oder tausend Jahren.

Wir fürchten uns nicht mehr vor Blitz und Donner, doch die gefühlten Ängste vieler Menschen vor unberechenbaren Naturerscheinungen sind möglicherweise noch größer als bei unseren Vorfahren. Zudem gesellt sich zur Angst das Schuldgefühl, die Katastrophen selbst verursacht zu haben, und mit ihm wächst die Furcht vor der Strafe – nicht Gottes, sondern seiner Schöpfung. Denn obwohl der moderne Mensch hinter einzelnen Naturphänomenen keine Gottheit vermutet, traut er der Natur als Ganzes eine Art allumfassende Intelligenz zu. Ergänzt man diese Vorstellung um zusammenhanglose Fakten aus Physik, Medizin, Philosophie, Kunst und Psychologie entsteht ein metaphysisches Naturbild, das dem Bedürfnis der Menschen nach dem Mehr hinter den nüchternen wissenschaftlichen Aussagen gerecht wird. Mit Naturerfahrung und Naturwissenschaft haben derartige Spekulationen und Phantasien allerdings nichts gemein. Sie gehören zur Kategorie des „Übersinnlichen“ und damit zum nächsten Kapitel.

Das Übersinnliche

Die Zirbelkiefer sieht sich an
auf ihre Zirbeldrüse hin;
sie las in einem Buche jüngst,
die Seele säße dort darin

Sie säße dort wie ein Insekt
Voll wundersamer Lieblichkeit,
von Gottes Allmacht ausgeheckt
und außerordentlich gescheit.

Die Zirbelkiefer sieht sich an
auf ihre Zirbeldrüse hin;
sie weiß nicht, wo sie sitzen tut,
allein ihr wird ganz fromm zumut.

Christian Morgenstern

Vertiefung des Formalen Wissens

Abbildung 16 illustriert die verschiedenen Wege, auf denen Formales Wissen bei gleichbleibend hoher Strukturiertheit vertieft werden kann. Wegen seiner Lage auf der Grenzschicht zwischen Wahrheit und Unwahrheit ist der Wissenszustand „Formales Wissen" instabil. Deshalb kann er leicht in einen der Unwissenheits-Zustände „Pseudowissenschaft, Scheinwissen" oder „ Systematische Täuschung, Verblendung" kippen. Einen direkten Weg zum Umfassenden Wissen und zur Systemkenntnis gibt es hingegen nicht. Denn dazu müssen erst die wesentlichen Strukturen und Gesetzmäßigkeiten eines Systems, die von den äußerlichen, formalen Ordnungskriterien zumeist völlig verschieden sind, gefunden werden.

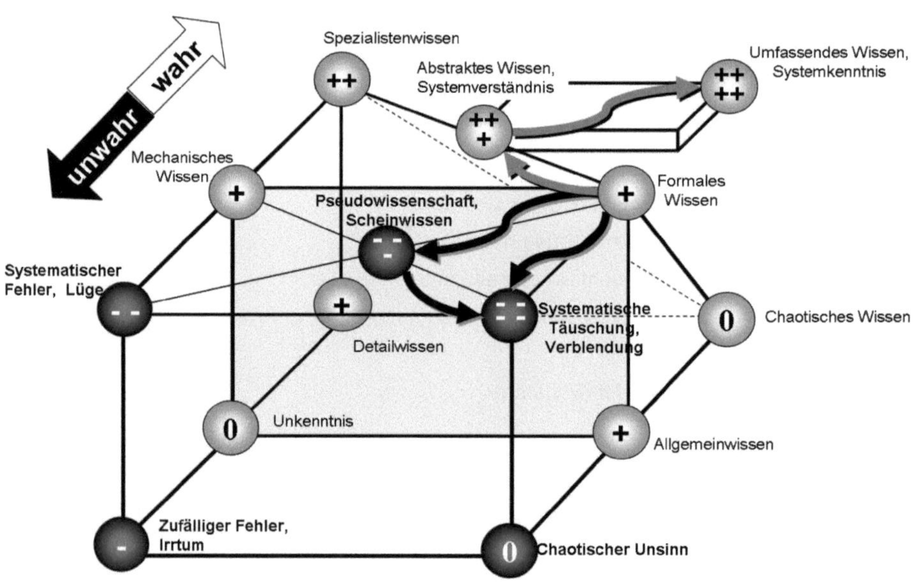

Abbildung 16 Vertiefung des Formalen Wissens

Dieser Aufgabe hat sich die Wissenschaft verschrieben. Sie entwickelte die hierfür notwendigen methodischen, theoretischen und praktischen Mittel, wendet sie an und arbeitet fortwährend an ihrer Verbesserung. Allerdings bedarf es eines großen Vorwissens, um selbst wissenschaftlich tätig zu werden. Wer sich ohne die notwendige Bildung und Ausbildung zur Wissenschaft berufen fühlt, gelangt von formalen Ansätzen selten zu tieferen Einsichten, aber sehr schnell und fast zwangsläufig zur Pseudowissenschaft. Und ebenso geradlinig verläuft der Weg vom Formalen Wissen zur systematischen Täuschung oder Selbsttäuschung.

Die wachsende Verfügbarkeit von Computern und die Möglichkeit, per Internet Daten zu erheben, zu sammeln und zu ordnen, begünstigt die Entstehung des Formalen Wissens als mögliche Wissensquelle aber auch als Nährboden von Scheinwissen, Pseudowissenschaft oder Betrug.

Aberglaube und Pseudowissenschaft

Abergläubige Menschen sind überzeugt davon, dass es Kräfte gibt, die sich unserem Verständnis entziehen. Diese treten als Geister, Dämonen, Elfen oder als nicht lokalisierbare, allgegenwärtige höhere Intelligenz auf.

Solange man die Ursachen und Gesetzmäßigkeiten vieler natürlicher Erscheinungen wie Blitz und Donner nicht kannte, nahmen die Menschen zu Göttern und Geistern Zuflucht. Diese bevölkerten den Himmel, die Erde, die Pflanzen und Gewässer. Sie waren verantwortlich für die Abläufe in der Natur und im menschlichen Leben. Und sie mussten und konnten günstig gestimmt werden.

Denn Aberglaube erschöpft sich nicht in passiver Anerkennung der Geisterwelt, sondern versucht diese aktiv und im eigenen Interesse zu beeinflussen. Die angewandten Rituale, Zaubersprüche und Beschwörungen entbehren zwar häufig jedweder Logik und wissenschaftlicher Vorgehensweise, aber man findet sie in allen Kulturen der Welt für jedwede Anlässe und Situationen. Als Motiv der rituellen Handlungen kann man zwei Grundbedürfnisse der Menschen ausmachen:

- den Wunsch, von Unglück verschont zu bleiben, und
- die Sehnsucht nach einem besseren Leben - nach Reichtum, Schönheit, außergewöhnlichen Fähigkeiten, umfassender Erkenntnis und ewiger Jugend.

Viele Erscheinungen in der Natur und im menschlichen Leben, die vormals den Göttern und Geistern zugeschrieben wurden, sind heute allerdings wissenschaftlich erklärt. Und eine Vielzahl der Wünsche, die sich die Menschen des Mittelalters noch nicht einmal vorstellen konnten, haben Wissenschaft und Technik erfüllt. Einigen Formen des Aberglaubens ist damit die Grundlage entzogen worden.

Je tiefer die Wissenschaft jedoch in die Geheimnisse der Natur eindringt, desto komplizierter werden ihre Theorien und Aussagen, und ausgerechnet eine der neuen und in der Praxis erfolgreichsten physikalischen Theorien – die Quantenphysik – liefert die „wissenschaftliche“ Begründung einer neuen Form des Aberglaubens. Denn bestimmte Phänomene der Quantenphysik passen nicht zu unseren anschaulichen Alltagserfahrungen, und die Interpretation dessen, was die mathematischen Formeln beschreiben, ist selbst unter Physikern nicht endgültig geklärt. Einige Wissenschaftler zogen Parallelen zwischen den Aussagen der Quantenphysik und dem Inhalt fernöstlicher Mystiken. Ein Vergleich, der philosophisch interessant erscheint und die „Vermarktung“ trockener physikalischer Erkenntnisse fördert, aber auch ihrem Missbrauch durch metaphysische und spirituelle Lehren und pseudowissenschaftliche Welterklärungen Vorschub leistet.. Denn der moderne Aberglaube tarnt sich gern als wissenschaftliche Theorie, und ausgerechnet die Physik, die antrat, die Naturerscheinungen wissenschaftlich zu erklären, wird nun zum Beweis des Übersinnlichen herangezogen.

So ist es den Physikern zwar gelungen, die Allgegenwart von Göttern, Geistern, Kobolden, Zwergen, Nymphen, Elfen und Trollen als Hausgenossen und Nachbarn zurückzudrängen, einer neuen Generation geheimnisvoller Wesen haben sie aber ungewollt den Steigbügel gehalten. Diese reiten nicht durch Fluren und Wälder, sondern bevölkern als heilender Energiefluss, eigenständiges Informationsfeld oder alles verbindender nichtlokaler Quant eine moderne Märchenwelt aus hochdimensionalen Zustandsräumen, aufgerollten Dimensionen und parallelen Universen.

Das Internet bietet Naturwissenschaftlern, Medizinern, Psychologen, wirklichen und Hobbyphilosophen, modernen Propheten, verkannten Genies und geschäftstüchtigen Mitbürgern gleichermaßen eine Plattform, ihre Ideen zu verbreiten.

Doch der Leser sei gewarnt. Denn wie beim einfachen Zauber mit Kristallkugeln und Wunderpflastern, führt auch die intellektuelle quantenphysikalische Variante des Aberglaubens häufig zu einem Bestellformular. Dort gibt es dann Bücher über Nichtlokalität, morphologische Felder, Synchronizität, das schöpferische Universum oder eine Beratungen in Traumdeutung. Und da auch Wissenschaftler nur Menschen sind, mögen einige von ihnen denken, dass es einfacher und einträglicher ist, von der Dummheit zu profitieren, als diese zu bekämpfen.

Unwissenschaftliche Methoden

Man muss nicht an die Technik glauben, damit sie funktioniert. Weder verweigert das Mobiltelefon seinen Dienst beim Verschicken einer Massen-SMS zu Risiken der Mobilfunkstrahlung, noch muss man erst meditieren, um den Lift zu veranlassen, in den vierten Stock zu fahren. Und auch der Autogegner wird von seinem alten Gebrauchtwagen samt Anti-CO_2-Plakat solange transportiert, wie es Technik und TÜV erlauben.

Da sich Naturwissenschaft und Technik wissenschaftlicher Methoden verschrieben haben, berauben sie sich allerdings vielfältiger Möglichkeiten, sich bei Irrtümern und Fehlern elegant aus der Schlinge zu ziehen, zum Beispiel, indem sie Störungen an technischen Geräten dem fehlenden guten Willen oder der schlechte Aura der Benutzer anlasten.

Eine nicht wissenschaftliche Theorie kann sich hingegen leicht eine Hintertür offenlassen, um von vornherein zu verhindern, dass man sie widerlegt. Denn sie kann den Erfolg einer Handlung, einer Therapie oder eines Experiments davon abhängig machen, ob die betroffenen Personen an deren Erfolg glauben, und somit den objektiven Zusammenhang zwischen Ursache und Wirkung durch Zwischenschaltung der subjektiven Befindlichkeit von Individuen verschleiern. Tritt das gewünschte Ergebnis ein – warum auch immer – war offensichtlich der Glaube stark genug, ansonsten nicht.

Andere „plausible" unwissenschaftliche Erklärungen für einen Misserfolge sind ungünstige Sternenkonstellationen, negative Energien oder die bösen Kräfte anderer Menschen. Die letztgenannte Möglichkeit war im Mittelalter weit verbreitet, um unliebsame Konkurrenten, Gläubiger und Verwandte aus dem Weg zu schaffen.

Eine der Ursachen für den verbreiteten Glauben an das Übersinnliche besteht in unserer selektiven Wahrnehmung von Ereignissen, die Zufälliges in einem nicht vorhandenen Zusammenhang, für den wir aus persönlichen Gründen sensibilisiert sind, erscheinen lässt. Das mangelnde Verständnis und das fehlendes Gefühl für statistische Gesetzmäßigkeiten verleiten uns zudem dazu, unsere „Entdeckungen" für außergewöhnlich zu halten und ihnen eine höhere, geheimnisvolle Bedeutung beizumessen.

Voller Bewunderung, mit ehrfürchtigen Staunen und mit der stillen Genugtuung, dass es mehr Dinge zwischen Himmel und Erde gibt, als die Wissenschaft erklären kann, lauschen wir Berichten von der treffsicheren Vorhersage des Zeitpunktes historische Ereignisse wie beispielsweise dem Beginn des zweiten Weltkrieges. War es aber 1939 tatsächlich so schwer, den Tag vorauszusagen, an dem der Krieg beginnen würde? Ließ doch die politische Lage nach Einmarsch der Deutschen Wehrmacht in Österreich und der Tschechoslowakei nichts Gutes erahnen, und war es doch das erklärte Ziel der

Nationalsozialisten, den Versailler Vertrag zu revidieren. Dazu bedurfte es jedoch der Rückgewinnung polnischer Gebiete und Elsaß Lothringens. Dass dies auf friedliche Weise erfolgen konnte, war kaum anzunehmen. Nun hat ein Jahr lediglich 365 Tage. Werden die witterungsbedingten ungünstigen Wintermonate ausgenommen, bleiben etwas mehr als 200 Tage für einen militärischen Angriff. Es brauchte nur diese Anzahl unterschiedlicher Voraussagen des Datums, um das richtige zu treffen. Und wäre 1939 gar nichts passiert, wer hätte dann überhaupt diesen Prognosen irgendeine Bedeutung beigemessen?

www.aberglaube.kaufmich.de

Führen Sie selbst einen einfachen Versuch durch: Geben Sie in der Internet-Suchmaschine Google den Suchbegriff „Hellsehen" ein, und starten Sie die Google-Suche „Seiten auf Deutsch". Sie finden mehr als 300000 Einträge. Klicken Sie auf einige Links. Sie erwartet ein buntes Angebot: Hellsehen, Kartenlegen, Kristallkugelmagie, Astrologie und Spiegelmagie. Auf Wunsch auch online, per e-Mail, Life-Chate oder Telefon. Das Engelmedium, der Magier und die Schamanin werben mit Kompetenz und Qualität, allein oder im Team. Dazu gibt es die passenden Kurse, Bücher und Seminare – Preislisten inbegriffen. Hinter der magischen Fassade verbirgt sich ein Sammelsurium an Informationen. Es wird munter fabuliert und aus dem eigenen Halbwissen geschöpft. Gern gibt man sich den Anschein der Wissenschaftlichkeit, und vertraut darauf, dass es die Leser auch nicht besser wissen. Das Internet erweist sich als ideales Medium, um neben Küchentipps, Wellness, Mode und Trends auch das Tarot der Farben und die Numerologie der großen Lebensabschnitte anzubieten. Im Fernsehen jagt eine Mysterie-Serie die andere. Und selbst im Auto bleibt man nicht verschont. Denn aus dem Radio - das man schon der Staumeldungen wegen nicht abschaltet – erklärt eine freundliche Frauenstimme, von fernöstlicher Musik untermalt, was die Sterne zu sagen haben.

Wir schützen die Reinheit des Wassers, der Straßen und der Luft per Gesetz. Doch wie schützt man sich wirksam vor geistigem Müll? Scheitert man doch bereits daran, die Grenze zwischen Spiritualität, Humbug und geschicktem Marketing zu ziehen. Außerdem bringt das Bedürfnis nach dem Übersinnlichen erst den boomenden Markt an seriösen, plumpen oder betrügerischen Angeboten hervor. Und wo es zahlende Kunden gibt, die das Unlogische und Irrationale begehren, wird sich auch jemand finden, der ihre Wünsche erfüllt. Dazu bedarf es weder verlässlicher Aussagen noch zuverlässiger Produkte. Im Gegenteil! Man muss sie sogar ausschließen. Denn Berechenbarkeit und Vernunft gestatten weder Wunder noch Magie.

Von den Erzeugnissen der modernen Zivilisation - die auf Naturwissenschaft und Technik basieren – erwartet man allerdings Zuverlässigkeit und Perfektion. Wie würden Sie wohl reagieren, wenn Ihre Autowerkstatt, anstatt eine Zündstörung zu beheben, auf Ihre negativen mentalen Schwingungen verweist, welche die Energiefelder der Zündspulen stören. Vielleicht suchen Sie zunächst nach einer versteckten Kamera. Gibt es keine, könnte man den Arzt rufen oder die Polizei. Keinesfalls wären Sie aber mit der Antwort zufrieden, und bezahlen würden sie erst recht nichts dafür.

Einem Wünschelrutengänger sieht man hingegen Fehlversuche nach. Und findet er doch einmal Wasser, wird er bestaunt und bewundert. Oder ein anderes Beispiel: Löffel, Messer und Gabeln werden zu Milliarden gefertigt, indem man Metalle industriell umformt. Aufsehen erregt dieser Prozess nicht. Staunen und Ehrfurcht sind jedoch demjenigen gewiss, der behauptet, einen Löffel durch reine Geisteskraft zu verbiegen. Das Verfahren begeistert, obwohl es unbewiesen und nutzlos ist – vom finanziellen Nutzen für den Löffelverbieger abgesehen.

Ähnlich verhält es sich mit dem Hellsehen, dem Geistheilen, der Erdstrahl-Lehre und vielen anderen nichtwissenschaftlichen Lehren und Methoden. Verdienen können allein die Anbieter der wundersamen Produkte, Dienstleistungen und Seminare. Ob sie dem Kunden ebenfalls nützen, entzieht sich einer objektiven Überprüfung. Sicher ist nur, dass viele leichtgläubige Menschen durch zweifelhafte Angebote finanziell geschröpft werden.

Schlimmer als die finanzielle Einbuße ist jedoch der Verlust an Vernunft. Denn wer an Geister, geheimnisvolle Kräfte, mystische Strahlen und Energieflüsse glaubt, schätzt seine Umwelt und sich selbst falsch ein. Und wer selbst ernannten Lehrern und Meistern auf den Leim kriecht, wird abhängig, manipulierbar und geistig unfrei.

Wissensverlust durch Automatisierung und Digitalisierung

Bequemlichkeit macht träge

Die Behauptung, man könne durch die automatisierte Informationsverarbeitung Wissen verlieren, mag zunächst verwundern, denn sollen es nicht die Computer sein, die unser Wissen gigantisch vermehren? Und werden nicht bei der öffentlichkeitswirksamen Ausrüstung der Schulen mit Hard- und Software der Fortschritt, das Innovationsklima und der Aufbruch in die Wissensgesellschaft beschworen?

Tatsächlich kann man sich eine moderne Nation wie Deutschland ohne Computer kaum noch vorstellen. Sie begleiten uns täglich als Taschenrechner, Digitaluhr, Unterhaltungselektronik, Waschmaschinensteuerung und Telefonanlage. Sie verrichten zeitraubende geistige Routinetätigkeiten und übernehmen die Steuerung von Fabriken, Flugzeugen, Chemieanlagen und Kraftwerken. Ihre Allgegenwart erleichtert und bereichert das Leben der Menschen. Haben Dampfmaschine und Motoren uns von körperlicher Arbeit entlastet, so bewirken Computer das Gleiche bezüglich der geistigen Tätigkeit.

Doch zuviel Bequemlichkeit macht träge; sowohl körperlich als geistig. Und was man nicht benutzt, verkümmert, so lehrt es die Evolution. Deshalb bewirkt die Automatisierung der Informationsverarbeitung einen Schwund an menschlichem Wissen, an geistigen Fertigkeiten und an Urteilsvermögen, der sich wie folgt äußert:

- Verlust der Detailkenntnisse zu automatisierten Prozessen
- Verlust der Kenntnisse über den Zusammenhang komplexer Prozesse
- Eingeschränkte individuelle Handlungsfreiheit
- Verlust an geistigen Grundkenntnissen und –fertigkeiten
- Orientierungslosigkeit durch ein Überangebot an Informationen und Daten

Abbildung 17 zeigt anhand der bewerteten Wissenszustände des Wissenswürfels, welches Wissen wir verlieren und was wir stattdessen eintauschen. Die Pfeile illustrieren jeweils den Übergang von einem höher bewerteten in einen weniger wertvollen Zustand. Die verschiedenen Ursachen des Wissensverlusts stehen in einem Textkasten, der die Ausgangszustände umfasst. Je länger der Pfeil und je höher der Wert des Ausgangszustandes, desto größer ist der Verlust an Wissensqualität.

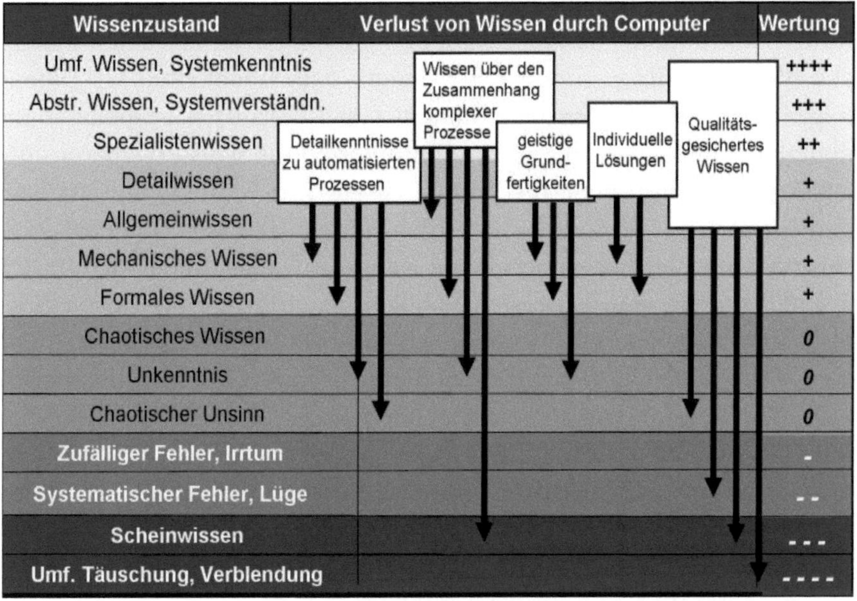

Abbildung 17 Wissensverlust durch automatische Informationsverarbeitung

In den Folgeabschnitten werde ich die genannten Ursachen und die Folgen des Wissensverlusts erläutern und dabei wiederholt auf Abbildung 17 verweisen.

Computer = Automatisierung + Digitalisierung

Die manuelle Informationsverarbeitung stößt an ihre Grenzen, wenn man Massendaten verarbeiten oder langwierige mathematische Berechnungen auszuführen muss, denn Menschen rechnen und denken zu langsam und machen zu viele Fehler. Das Ziel der automatischen Informationsverarbeitung bestand deshalb zunächst darin, bekannte Algorithmen schneller und möglichst fehlerfrei auszuführen.

Die Automatisierung ging einher mit der Digitalisierung der Information. Erstmals benutzte man digitale Daten bei der Auswertung der Wahlergebnisse in den USA, indem man Lochkarten als Datenträger nutze. Die ersten, auf Stapeln von Lochkarten gespeicherten, digitalen Muster und Bilder revolutionierten die Musterweberei mittels Jagard-Webstühlen, da die einmal erstellte Vorlage automatisch und beliebig oft reproduziert werden konnte. Die gezeichneten Motive wurden allerdings noch lange Zeit von Hand in ein Lochmuster überführt, denn von den ersten Lochkartenautomaten bis zur elektronischen Daten- und Bildverarbeitung verging mehr als ein Jahrhundert. Die ersten Computer dienten noch maßgeblich militärischen Zwecken. Aber bereits die Namen der höheren Programmiersprachen FORTRAN und COBOL deuten auf eine breite wissenschaftlich-technische und betriebswirtschaftliche Nutzung der neuen Technologie hin:

- FORTRAN = Formula Translater
- COBOL = Commercial Business Object Language

Der Einsatz von Computern zur automatischen Informationsverarbeitung hatte zunächst das Ziel, bekannte Verfahren und Berechnungen zu beschleunigen. Später entstanden auch gänzlich neue Geschäftsprozesse und technische Verfahren wie zum Beispiel das Internet-Banking, Computerspiele oder das digitale Fernsehen, die ohne Computer gar nicht möglich gewesen wären.

Die Menschen können die Computerprogramme und ihre Ergebnisse nutzen, ohne zu wissen, wie die Programme im Detail funktionieren. Damit wird die Informationsverarbeitung vom Rest der fachlichen Arbeit getrennt.

Das Fachliche Detailwissen, das man besitzen musste, um die für ein Sachgebiet notwendigen Daten und Informationen manuell zu verarbeiten, ist nun als Mechanisches Wissen in Computerprogrammen gespeichert. Die Benutzer der Programme müssen lediglich deren Befehle kennen und über die Feinmotorik verfügen, um Maus, Joystick oder Mobiltelefon zu bedienen. Der „Rest" der komplexen Programme und Prozesse wird komplett im Hintergrund ausgeführt, ohne dass sich andere Personen oder gar die Benutzer am Bildschirm um den Ablauf zu kümmern brauchen.

Da die Programme selbst dann noch funktionieren, wenn niemand mehr weiß, was sie genau tun und wie das geschieht, kann ein Unternehmen das Wissen über die Details und Zusammenhänge automatisierter Geschäftsprozesse verlieren, ohne es zu merken.

Vergessene Detailkenntnisse

Arbeitsanweisungen und Hinweise für die Mitarbeiter einer Firma liegen in einer allgemein verständlichen Form und Sprache vor, beispielsweise als gedrucktes oder elektronisches Dokument. Nicht anders verfährt man, wenn man einem Computer mitteilen will, wie er zu arbeiten hat: Man schreibt die Anweisungen auf, allerdings in speziellen Programmiersprachen.

Solange Programme oder die Software als Quelltext vorliegen, können sie von ihrem Verfasser oder anderen Softwareentwicklern mit entsprechenden Kenntnissen gelesen und formal verstanden werden. Dem Benutzer der Programme - es sei denn er ist gleichzeitig selbst Softwareentwickler – würde der Quelltext aber wenig sagen. Noch unverständlicher und für den Menschen kaum lesbar ist der für den Computer bestimmte Maschinencode.

Um zu verstehen, wie ein Programm im Detail arbeitet, muss man dessen Quelltext kennen. Große Softwaresysteme bestehen jedoch aus vielen Komponenten, die von verschiedenen Personen und nicht selten an unterschiedlichen Standorten entwickelt wurden. Das Wissen über die Details und den Zusammenhang der automatisierten Prozesse großer, über Jahre entstandener Softwaresysteme ist deshalb verteilt und häufig nicht verfügbar. Denn die Wissensträger sind entweder nicht erreichbar oder unbekannt.

Bei der manuellen Informationsverarbeitung konnte man die Wissensträger hingegen leicht ausmachen, denn zumindest die ausführenden Personen mussten über detaillierte Prozesskenntnisse verfügen, so dass man das fachliche Detailwissen bei Bedarf direkt „an der Quelle abzapfen" konnte.

Automatisierte Prozesse funktionieren ohne den Menschen. Alle für die Durchführung des Prozesses notwendigen Informationen sind im Programm oder in den zu verarbeitenden Daten enthalten. Solange die Software ihre Aufgabe zufrieden stellend erfüllt, braucht deshalb niemand zu wissen, wie sie im Detail funktioniert. Und je länger das unauffällig geschieht, desto größer ist die Gefahr, dass ein Programm und seine Details vergessen werden.

Der Computer entlastet uns zwar von den Routinetätigkeiten der Informationsverarbeitung und schafft Freiräume für andere fachliche Tätigkeiten, doch gleichzeitig schwinden das Wissen und die Kenntnisse der fachlichen Details zu den automatisierten Prozessen.

Zusammenfassend sei nochmals auf Abbildung 17 verwiesen: Das Wissen, das man verliert, wenn man die Details automatisierter Prozesse „vergisst", gehört zum Spezialistenwissen, zum Detailwissen und teilweise zum Zustand „Abstraktes Wissen, Systemverständnis". Man erwirbt stattdessen mechanisches Wissen in Form der Bedienschritte zum Start der Programmfunktionen. Zugleich verflacht das Wissen über die Geschäftsprozesse zum formalen Wissen, dem es an Tiefe fehlt. Geht das Detail-Prozesswissen für Menschen gänzlich verloren, entspricht dies dem Übergang zum Zustand der Unkenntnis.

Schlimmstenfalls führt der Wissensverlust zum chaotischen Unsinn, der durch das Nebeneinander von richtigen und falschen Detailinformationen gekennzeichnet ist, und sich in fehlgeschlagenen Projekten, fehlerhaften technischen Systemen oder unzulänglichen Dienstleistungen äußern kann.

Komplexe Prozesse: Wer behält den Überblick?

Außer dem Detailwissen zu Prozessen kann auch der Überblick, wie verschiedene Vorgänge zusammenspielen, verloren gehen. Denn die automatisierten Prozesse wachsen heute dank moderner Technike wie Inter- und Intranet zu abteilungs- und firmenübergreifenden Informationsflüssen zusammen. Das fachliche Wissen über den Zusammenhang und das Zusammenspiel der beteiligten Komponenten und Teilprozesse ist allerdings wesentlicher schwieriger zu erlangen und zu erhalten als ihre technische Verknüpfung. Ohne eine ganzheitliche Sicht, die nicht an Abteilungs-, Bereichs- und Unternehmensgrenzen halt macht, kann dies nicht geleistet werden.

Ganzheitliche Prozessbetrachtungen setzen zentrale Strukturen und Organisationseinheiten voraus. Man muss über den Tellerrand schauen und hinreichend unabhängig und befugt sein, um die übergreifenden Prozesse zu etablieren. Zentralisierung und Dezentralisierung werden aber nicht selten als Gegensätze betrachtet, ganz gleich ob es sich um Unternehmen, Staaten oder Staatengemeinschaften handelt. In Zeiten knapper Kassen sinkt zudem die Bereitschaft unabhängiger Partner, sich an Projekten zu beteiligen, die ihnen nicht unmittelbar und kurzfristig nutzen. Abbildung 17 zeigt, dass mit dem Verlust des Wissens über den Zusammenhang von Geschäftsprozessen besonders wertvolle Kenntnisse verloren gehen, nämlich Spezialistenwissen, Systemkenntnis und Systemverständnis. Diese Art Wissen benötigt man, um große Systeme mit vielfältigen Beziehungen und Teilsystemen – und nichts anderes sind moderne Unternehmen – zu verstehen und zu steuern.

Ersetzen Firmen ihr Detail- und Gesamt-Prozesswissen durch grafische Darstellungen auf Präsentationsfolien-Niveau, handeln sie wie Hans im Glück, dem sein Goldklumpen zu schwer wurde. Denn sie tauschen Fachwissen und die damit verknüpften Wettbewerbsvorteile gegen Allgemeinwissen, formales Wissen, Unkenntnis oder Scheinwissen ein.

Zu allgemeines oder formales Prozesswissen zeigt sich unter anderem in unvollständigen, veralteten oder ungenauen Prozessdiagrammen, welche die gelebten Prozesse oberflächlich oder falsch abbilden. Sie taugen für Präsentationen, aber nicht zu Steuerung des operativen Geschäfts.

Als Folge der Automatisierung erodiert das Wissen über die fachlichen, geschäftlichen und informationsverarbeitenden Prozesse.

Doch muss ich zur Ehrenrettung des Computers erwähnen, dass er nicht allein den Wissensverlust verursacht, sondern auch zugleich das Werkzeug darstellt, um den Verfall mit Hilfe der passenden Programme zu stoppen und zu beheben.

Denn was für Chemieanlagen und Flugzeuge möglich ist, sollte auch für Softwaresysteme gelingen – eine computergestützte detaillierte System-Dokumentation. Allerdings werden der Aufwand und der Ressourcenbedarf ähnlich hoch sein wie für die permanente Dokumentation des Zustandes von Anlagen und Flugzeugen. Und ohne einen Bewusstseinswandel, der den virtuellen Produkten und Mechanismen eine ähnliche Bedeutung beimisst wie den (an)fassbaren und sichtbaren Konstruktionen, wird diese Aufgabe nicht zu bewältigen sein.

Damit wir mit Software ähnlich verfahren können wie mit handfesten Produkten, müssen wir jedoch zunächst ihre unsichtbaren Strukturen und ihre verborgenen Arbeitsweise verstehen. Modelle, die das Unsichtbare verdeutlichen, können uns dabei helfen.

Die durchgängige fachliche und technische Prozessmodellierung, welche die Bedienung der Geschäftsanwendungen per Bildschirmdialog genauso abbildet wie den Aufruf von Softwareservices und die automatischen Abläufe auf dem Großrechner, sind deshalb kein Selbstzweck und keine „Spielwiese" für Business Analysten oder IT-Architekten, sondern eine notwendige Voraussetzung, um zu verstehen, wie ein modernes Unternehmen funktioniert und morgen funktionieren soll.

Mechanisches Ausführen statt bewusstes Handeln

Ein Arbeiter am Fließband führt auf immer gleiche Weise nur wenige Handgriffe in einem festen Zeittakt aus. Er ist Teil eines verzahnten Fertigungsprozesses, und sein Wissen kann sich darauf beschränken, die vorgeschriebenen Tätigkeiten in der geforderten Reihenfolge und Zeit auszuführen. Weder braucht er genau zu verstehen, warum er etwas tut, noch welchen Zweck das hergestellte Produkt hat.

Dass Fließbandarbeit die Menschen unterfordert, abstumpft und letztlich die Produktivität begrenzt, haben große Automobilkonzerne erkannt. Sie übertragen kleinen Teams die Verantwortung für bestimmte Ergebnisse, ohne jeden Handgriff im Detail vorzuschreiben. Anstelle von Arbeitern, die auf wenige Handgriffe spezialisiert sind, benötigt man für diese Art der Arbeitsorganisation allerdings wieder Menschen, die verschiedene Fertigkeiten besitzen und Zusammenhänge verstehen. Mechanisch handelnde Mitarbeiter und starre, bis ins letzte Detail vorgegebene Arbeitsabläufe scheinen bei der industriellen Massenproduktion nicht mehr das alleinige Mittel der Wahl zu sein, um die Arbeitsproduktivität und die Qualität zu steigern. Im Alltag und im Servicebereich beginnen einfache, fest vorgeschriebene Handlungsabläufe, die ich im Modell des Wissenswürfels dem Zustand „Mechanisches Wissen" zugeordnet habe, jedoch erst ihren Siegeszug.

Intelligente Geräte und ihre Programme konkurrieren um die Gunst des Kunden und versprechen, das Leben zu erleichtern, weshalb man immer weniger Details und Zusammenhänge von Prozessen, Abläufen und Vorgängen selbst zu kennen braucht. Ist allerdings die Waschmaschine defekt, der Computer außer Betrieb oder ein

Programm fehlerhaft, gerät unser automatisierter, vernetzter und optimierter Tagesablauf ins Stocken. Doch selbst dann, wenn alles funktioniert, sind wir Herr und Sklave der Technik zugleich. Denn diese ist keine gütige Fee, die uns selbstlos beschenkt, sondern wir zahlen den Preis in Form der Freiheit, individuell zu entscheiden.

Allerdings müssen sich flexible, individuelle Entscheidungen und Automatisierung nicht ausschließen. Im Gegenteil! Es macht für einen Computer keinen wesentlichen Unterschied, ob er mit einer einzigen oder einer Million Varianten eines Vorgangs arbeitet. Dazu braucht man aber ein Programm, das diese Flexibilität vorsieht und letztlich wieder einen Mitarbeiter, der menschlich, das heißt unlogisch entscheiden kann. Kulanz ist beispielsweise einer Art der Un-Logik. Denn unter juristisch und kaufmännisch gleichen Bedingungen, fällt das Ergebnis einer Entscheidung, zum Beispiel ein geminderter Kaufpreis oder der Umtausch einer Ware, verschieden aus. Ein kundenfreundliches Computersystem beschleunigt und optimiert die Geschäftsprozesse, ohne die individuelle Entscheidungskompetenz der Mitarbeiter einzuschränken. Was hindert aber Unternehmen und Softwareanbieter daran, entsprechend gute Programme zu kaufen beziehungsweise zu entwickeln? Antworten gibt es mehrere. Hier eine Auswahl:

- flexible Software-Systeme sind komplizierter und teurer als einfache Lösungen
- Komplexität birgt die Gefahr, dass man sie nur unzureichend beherrscht
- Nur standardisierte Vorgänge kann man vollständig automatisieren und damit Personal einsparen

Standardisiert man Prozesse, um vor allem die Kosten zu optimieren, werden Sonderfälle bewusst ausgeschlossen. Die unzureichende oder fehlende Berücksichtigung von Ausnahmen führt zu Frust bei Mitarbeitern und Kunden. Denn Details, die als zu schwierig und teuer weggelassen oder einfach vergessenen wurden, machen den Unterschied zwischen einem formalen Prozess und dem wirklichen Leben aus. Und nachträglich lassen sich mittelmäßige und unflexible Programmsysteme nur schwer oder gar nicht verbessern. Denn jede beabsichtigte Verbesserung macht die Systeme komplizierter und instabiler. Irgendwann sind sie dann so groß und „undurchsichtig" geworden, dass jede weitere Veränderung unkalkulierbare Risiken birgt.

Dann sitzen die Softwareentwickler in der gleichen Falle wie die Programmnutzer und Kunden: Ihre Entscheidungsfreiheit ist beschränkt, und sie wurden vom Schöpfer zum Knecht ihrer eigenen Produkte. Mit diesen ist niemand ganz zufrieden, doch ohne sie kann man auch nicht mehr leben, und für gänzlich neue, bessere Erzeugnisse fehlen das Wissen, das Können und die Mittel.

Grundfertigkeiten verkümmern

Wer von Kind auf gewohnt ist, mit Taschenrechnern und Computern umzugehen, wird es wahrscheinlich als überflüssig, nutzlos und antiquiert ansehen, etwas abzuschätzen oder im Kopf zu rechnen. Warum erst eine Lösung näherungsweise ermitteln, wenn der Computer sofort das exakte Ergebnis liefert? Für einen Computer ist es schließlich gleichgültig, ob er zu einer großen Zahl noch hundert verschwindend kleine addiert oder ein Ergebnis mit sechs anstatt mit zwei Stellen nach dem Komma anzeigt. Außerdem ist es oft einfacher, mechanisch, sprich mit dem Computer zu rechnen, als vorher noch extra zu denken. Doch wer aufhört zu denken, übersieht Fehler und verliert das Empfinden für Unlogisches, und damit ein Stück Entscheidungsfähigkeit und Orientierung.

Der Computer hilft uns beim Rechnen, und ebenso bei Rechtschreibung und Grammatik, und statt ein Buch zu lesen, wird zum Hörbuch gegriffen oder gleich das zugehörige Videospiel gestartet. Den Abbau einer weiteren geistigen Fertigkeit beschert uns der unaufhaltsame Vormarsch satellitengestützter Navigationssysteme. Denn in absehbarer Zeit werden wir es nicht mehr nötig haben, Informationen einer zweidimensionalen Karte im Kopf und in Echtzeit umzuformen, um uns mit ihrer Hilfe in einer realen Umgebung zu orientieren. Verkümmern aber die geistigen Grundfertigkeiten und fehlt das Basiswissen, wird jede Fort- und Weiterbildung nur eingeschränkt möglich sein. Da hilft auch kein noch so schneller Computer.

Der Verlust des Grundwissens, welches wir zum Erwerb und zur Verbreitung neuen Wissens benötigen, stellt entsprechend Abbildung 17 einen Übergang von den Wissenszuständen „Spezialistenwissen" oder „Detailwissen" zu den Zuständen „Mechanisches Wissen", „Formales Wissen" oder „Unkenntnis" dar:

- Unkenntnis drückt sich im Fehlen von Grundfertigkeiten in Schriftsprache, Mathematik und Lesen aus.
- Mechanischem Wissen ersetzt das Spezialisten- und Detailwissens, wenn einfache Berechnungen nur noch mit Hilfe von Taschenrechnern möglich sind, oder ein fehlerfreier Text ohne die Rechtschreibhilfe des Textverarbeitungsprogramms nicht erstellt werden kann.
- Fehlendes Verständnis für die vom Computer erzeugten Ergebnisse führen zum Formalen Wissen. Das Resultat kann zwar produziert werden, aber sein tieferer Sinn oder seine Sinnlosigkeit werden nicht erkannt.

Datenflut und Wissens-Chaos

Der Start der ersten Ariane-5-Rakete misslang. Die Rakete zerstörte sich selbst. Schuld an dem Desaster war angeblich eine Softwarekomponente aus dem bewährten Vorgängermodell Ariane-4. Unter den neuen Einsatzbedingungen wurde diese Komponente allerdings mit einem Vielfachen an Steuer- und Statusinformationen gefüttert. Sie war dieser gut gemeinten Datenflut jedoch nicht gewachsen und verweigerte ihren Dienst. Nicht ein wirklicher Defekt veranlasste die Selbstzerstörung der Rakete, sondern die unnötige Datenflut und ein überforderter Computer sorgten für das Scheitern der Mission.

Auch wir werden im Alltag von Daten überschwemmt. Und suchen wir im Internet nach Rat, erweist sich dieses nicht als Hort der

Weisheit, sondern lediglich als gigantische Ansammlung von Fakten, Meinungen und Programmen. Deshalb machen uns das Internet und andere moderne Informationskanäle nicht mühelos klüger, aber sie liefern uns Informationen und Daten bequem frei Haus.

Doch da auf einen klugen, hunderte dumme Gedanken kommen, dominiert Banales, Alltägliches, Subjektives, Falsches und Belangloses. Statt Wissen zu verbreiten, fungiert die moderne Informationstechnik darum oft als Multiplikator der Dummheit, so dass die wachsende Informationsfülle die Menschheit nicht klüger macht, sondern zu einer neuen Art von Unwissenheit führt, deren Ursache nicht im Informationsmangel, sondern im Übermaß an Information besteht. Denn, ob ein gefundenes Dokument seriöses und überprüftes Wissen enthält oder nur eine persönliche Meinung wiedergibt, müssen wir selbst herausfinden.

Wer wenig weiß, verliert sich deshalb leicht im Angebot der Meinungen und hält unsinniges Geschwätz für wahr. Wer jedoch bereits über einen hohen Wissensstand verfügt, kann die moderne Informationstechnik gezielt nutzen, und sich deshalb noch schneller und umfassender informieren.

Selbstlernende Softwaresysteme

Selbstlernende künstliche neuronalen Netzte sind beruhen auf mathematische Modellen, welche die Funktionsweise des Gehirns nachahmen, plus ihrer Umsetzung als Computerprogramme. Im Unterschied zu „normalen" Programmen, deren Verarbeitungslogik durch die Software oder Regeln in Dateien und Datenbanken vom Menschen vorgegeben wird, lernen und optimieren die neuronalen Netzte die Entscheidungsregeln für bestimmte Aufgabenstellungen selbst. Im Ergebnis entstehen so Systeme, deren Fähigkeiten auf ausgewählten Gebieten die des Menschen nicht nur weit übersteigen, sondern deren Wirkungsweise und Entscheidungsregeln durch den Menschen nicht mehr vollumfänglich erklärt und nachvollzogen werden können. Damit entsteht Wissen in Form von Algorithmen, das prinzipiell und von Anfang an für Menschen unbekannt ist. Solange die selbstlernenden Systeme nur Schach und Poker spielen oder die Belichtungsparameter für besonders schöne Fotos vorgeben, scheint sich die Unkenntnis der erlernten Regeln der künstlichen Intelligenz seitens ihrer Nutzer nicht von der Unkenntnis bezüglich der Algorithmen anderer Programme zu unterscheiden. Betreffen die Entscheidungen von Softwaresystemen aber kritischere Bereiche wie die Preisgestaltung von Produkten, das autonome Fahren oder die automatische Erkennung feindlicher Flugzeuge und ihre eventuelle Bekämpfung, wird man sich spätestens bei unerwünschten Ergebnissen zum Schaden Dritter fragen, wer für die Folgen des „Handelns" von Softwaresystemen verantwortlich ist, deren „Motivation" und Entscheidungsgründe wir nicht einmal mehr kennen.

4. Softwareentwicklung im Modell des Wissenswürfels

In den vorhergehenden Kapiteln habe ich das Modell des Wissenswürfels entwickelt und durch Beispiele verdeutlicht. In diesem Kapitel werde ich die Beschreibung und Begründung des Modells abschließen und als ein weiteres, größeres Beispiel den Prozess der Softwareentwicklung betrachten.

Als Physiker beschäftige mich seit mehr als 30 Jahren mit Softwareentwicklung, zuerst als „Nebentätigkeit", weil es die physikalischen Berechnungen erforderten, später hauptberuflich als Entwickler, Projektleiter, Methodiker und IT-Architekt Meine ersten Programme bestanden aus Lochkarten, die heute genauso primitiv und uralt erscheinen wie Faustkeil und Knochenschaber. Denn drei Jahrzehnte IT-Geschichte sind in Anbetracht des Tempos, in dem Rechentechnik, Betriebssysteme und Programmiersprachen veralten, eine Ewigkeit.

Gleich geblieben sind jedoch die Probleme der Softwareentwicklung. Denn nach wie vor entstehen Programme, die mehr kosten, als geplant, die zu spät fertig werden oder nicht so funktionieren, wie es sich Auftraggeber und Anwender vorgestellt haben. Und seit Jahrzehnten ähneln sich die Mittel, mit denen man versucht, die Mängel zu beheben:

- neue Softwareentwicklungs-Methodiken
- neue Programmiersprachen
- verbesserte Entwicklungswerkzeuge
- leistungsstärkere Computer und Betriebssysteme
- andere Modellierungs-Notationen und -Werkzeuge
- angepasste und neu geschaffene IT-Standards
- strafferes, elastischeres oder agileres Projektmanagement

Meist fehlt bereits die klare Beschreibung der Ergebnisse, die der Auftraggeber erwartet. Stattdessen erstellt man grafisch gelungene, aber inhaltliche dünne Präsentationsfolien und veranstaltet vielfältige Abstimmungs- und Statusmeetings, deren Protokolle die Projektordner füllen, ohne dass in der Sache ein wesentlicher Fortschritt zu verzeichnen ist. Gemessen an den Konzepten, Protokollen, Plänen, Folien und Diskussionen läuft die Wissensproduktion auf Hochtouren, doch die Qualität und Substanz der Ergebnisse bleiben mangels Fachwissen unzureichend. Geschickte Selbstdarstellung und Schönfärberei helfen die fachlichen Defizite zu verschleiern und ihre negativen Auswirkungen hinauszuzögern. Beseitigt werden die Mängel dadurch aber nicht.

Die herkömmlichen Phasenmodelle der Softwareentwicklung können diesem Umstand nicht Rechnung tragen, denn sie unterscheiden nicht zwischen hochwertigen und minderwertigen Ergebnissen. Wenn man jedoch das Phasenmodell der Softwareentwicklung auf den Zustandsraum des Wissenswürfels überträgt, tritt der Zusammenhang zwischen verschiedenen Wegen der Wissensentwicklung und der erreichbaren Softwarequalität anschaulich zutage. Man kann dann typische Fehler im Projektverlauf und die zugehörigen Wege im Wissenswürfel diskutieren und den empfohlenen „Königsweg" zum umfassenden Wissen aufzeigen. Dieser führt auch bei der Softwareentwicklung über den Zustand „Abstraktes Wissen, Systemverständnis" und als seine detaillierte Wegbeschreibung dienen Softwaremodelle und Softwarearchitekturen.

Die Phasen des Softwareentwicklungsprozesses

Vorgehensmodelle oder Methoden der Softwareentwicklung sind Teil des Softwareengineerings[12]. Sie beschreiben einen Weg, wie man von den Anforderungen der Auftraggeber und Kunden zum fertigen Softwaresystem beziehungsweise Softwareprodukt gelangt. Die ältesten, aber auch heute noch im Kern gültige und gebräuchliche Modelle, unterteilen den Entwicklungsprozess in Phasen. Diese gliedern die Aufgaben und Ergebnisse der Softwareentwicklung in grobe Zeitabschnitte, in denen bestimmte zusammengehörige Tätigkeiten der Softwareentwicklung durchgeführt werden. Die Ergebnisse einer Phase fließen als Eingangsinformation in die Folgephase ein und werden dort verfeinert und ergänzt. Abbildung 18 zeigt ein Phasenmodell mit vier Phasen:

Phase 1: Anforderungsdefinition
Phase 2: Spezifikation
Phase 3: Design
Phase 4: Realisierung

In Phase 1 werden die Anforderungen an das zu entwickelnde Softwaresystem erfragt, gesammelt und bewertet. Als Ergebnis erhält man eine Anforderungsspezifikation, ein Fachkonzept oder ein Lastenheft. Die Entwickler sollten danach die Wünsche ihrer Kunden kennen, um – ausgerüstet mit diesem Wissen – in Phase 2 die Funktionalität, das Aussehen und die Bedienung des Softwaresystems spezifizieren zu können. Die Systemspezifikation, das Pflichtenheft oder die Leistungsbeschreibung sind Ergebnisse der Spezifikationsphase. Sie beschreiben detailliert, was der Kunde erwarten darf und damit zugleich, was der Entwickler erstellen und liefern muss. Wie das im

---

[12] Als Softwareengineering bezeichnet man die ingenieurmäßige Herstellung von Software

Detail geschieht wird in Phase 3, dem Systemdesign, festgelegt und in Phase 4, der Systemrealisierung, in Form lauffähiger Software realisiert.

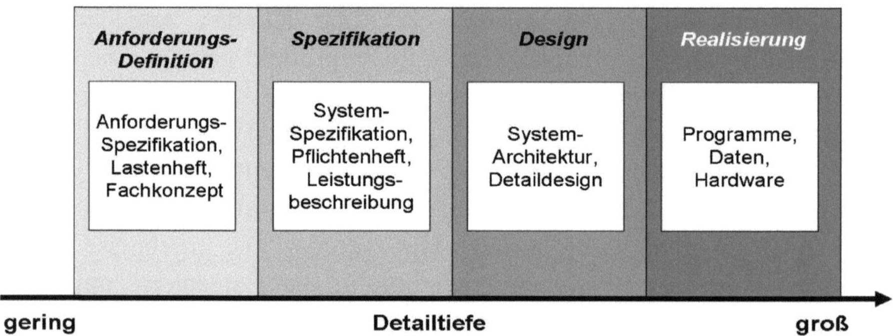

Abbildung 18 Phasen des Software-Entwicklungsprozesses

Mit jeder Phase wachsen die Detailliertheit und damit die Tiefe des Wissens über das Softwaresystem. Kann man den „Weg" von einer Anforderung über Spezifikation, Design bis hin zur fertigen Software lückenlos nachvollziehen, spricht man von einer definierten Verfeinerung. Idealerweise überführt der Verfeinerungsprozess die Anforderungen geradlinig in ein Softwareprodukt, das so funktioniert und aussieht, wie es sich der Kunde gewünscht hat.

Praktisch klaffen jedoch Wunsch und Wirklichkeit, nicht nur, aber besonders häufig, bei der Softwareentwicklung auseinander. Die Ursachen für diesen Missstand sind vielfältig:

- Unausgesprochene und widersprüchliche Anforderungen
- Unvollständige oder fehlende Systemspezifikationen
- Falsche Designentscheidungen
- Fehlerhafte Programmierung
- Mangelnde Abstimmung zwischen Programmierteams
- Fehlendes Gesamtkonzept und Systemverständnis

Die Beispiele nennen explizit oder implizit Wissensdefizite, die verhindern, dass ein bedarfsgerechtes Produkt entsteht.

Identifiziert man das Wissen über ein fertiges, robustes, korrektes und nach dem anerkannten Stand des Softwareengineerings und der Technik entwickeltes Softwareprodukt mit dem Wissenszustand „Systemkenntnis" und eine funktionsunfähige Lösung oder eine Fehlentwicklung mit dem Status „Chaotisches Wissen", erhält man eine spezielle Variante des Wissenswürfels, wie in Abbildung 19 dargestellt.

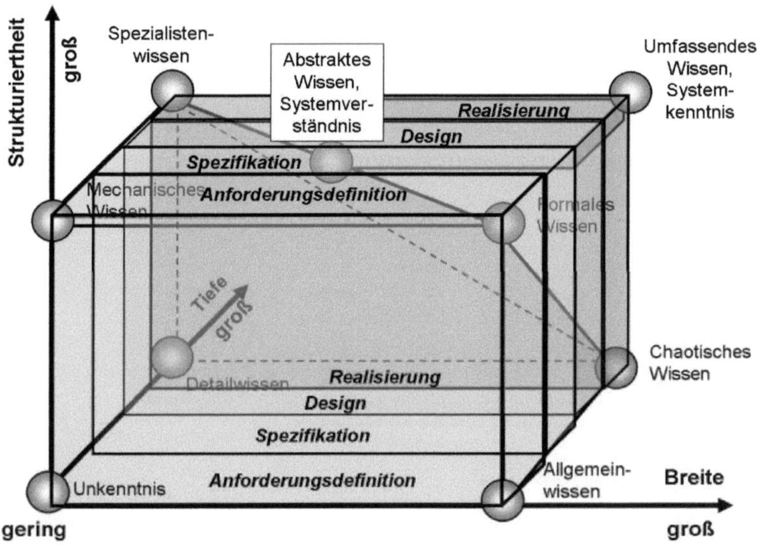

Abbildung 19 Softwareentwicklungsphasen im Modell des Wissenswürfels

Der Detailtiefe im Phasenmodell der Softwareentwicklung entspricht im Wissenswürfels das Merkmal „Wissenstiefe". Eine Phase umfasst deshalb eine Scheibe des Würfels.

Im Phasenmodell aus Abbildung 18 gibt es nur eine „Richtung", in der sich die Tiefe des Wissens über das zu entwickelnde System ändern kann und somit keine Möglichkeit, um zwischen einer erfolgreichen und gescheiterten Entwicklung zu unterscheiden.

Anders verhält es sich im Wissenswürfel von Abbildung 19. Dort können wir die erfolgversprechenden Zustandsübergänge, aber auch die unerwünschte Irrwege des Softwareentwicklungsprozesses veranschaulichen und diskutieren.

Irrwege der Softwareentwicklung

Bevor ich näher auf den empfohlenen Königsweg eingehe, werde ich zunächst vier Irrwege beschreiben, deren Verlauf in Abbildung 20 skizziert ist. Diese führen ausgehend vom Anfangszustand der Unwissenheit jeweils über eine Ecke des Wissenswürfels und enden – ohne den Zustand „Systemverständnis" zu passieren – im Zustand „Chaotisches Wissen". Den Irrwegen entsprechen typische Fehler und Versäumnisse im Softwareentwicklungsprozess.

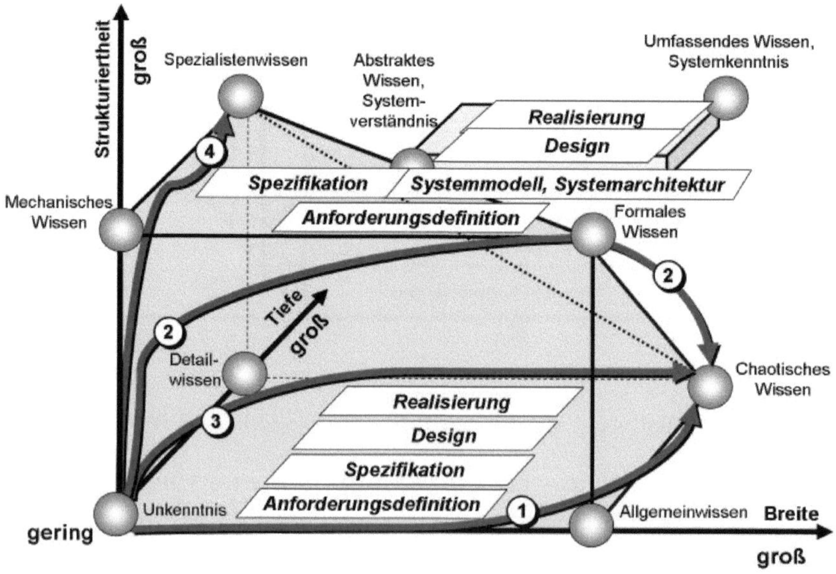

Abbildung 20 Irrwege bei der Softwareentwicklung

Irrweg 1: Leipziger Allerlei

Als „Leipziger Allerlei" bezeichnet man einen speziellen Gemüse-eintopf. In Eintopfgerichten können nahezu beliebige Zudaten verarbeitet werden, ganz gleich ob es sich um die Reste vom Vortag oder das verfügbare Angebot aus Kühlschrank, Keller und Garten handelt.

Dem „Leipziger Allerlei" gleichen die Anforderungen an ein Softwaresystem, nachdem mehrere Auftraggeber, Kunden sowie deren Vorgesetzte und Berater ihre Vorstellungen zu Papier gebracht beziehungsweise per E-Mail, Präsentationsfolie oder Textdokument bereitgestellt haben. Je nach Wissensstand, Interessen und Wünschen werden die Anforderungen sehr grob sein oder bereits präzise Beschreibungen von Einzelheiten enthalten.

In diesem Stadium sind die Anforderungen unstrukturiert, unvollständig und enthalten in der Regel inhaltliche und begriffliche Widersprüche. Im Modell des Wissenswürfels repräsentieren die gesammelten Informationen den Zustand „Allgemeinwissen", eventuell durchsetzt mit Bruchstücken von Detail oder Expertenwissen. Kopiert man alle Teile zusammen, entstehen ansehnliche Anforderungs- und Spezifikationsdokumente, die mehrere Hundert Seiten dick sein können, aber nach wie vor die gleichen Mängel aufweisen wie das Ausgangsmaterial.

Als Basis für den Systementwurf oder dessen Realisierung sind dicke Prosawerke mit lose gekoppelten oder zusammenhanglosen Kapiteln nicht geeignet. Denn weder weiß man, ob die Angaben vollständig sind, noch ob sich die genannten Wünsche gemeinsam erfüllen lassen. Werden die Informationen nicht konsolidiert, bewegt man sich gemäß Irrweg 1 unweigerlich in Richtung Chaos.

Fachbücher und Fachzeitschriften sind voll von Negativbeispielen, welche diesen Fehler belegen, vor ihm warnen und ihn anprangern. Auch fehlt es nicht an Methoden und guten Ratschlägen, wie dem Misserfolg vorzubeugen ist. Geholfen hat es bislang wenig!

Häufig begründen Projektleiter das Ausbleiben der Konsolidierungsphase mit der fehlenden Zeit, denn das Sammeln der Anforderungen hätte bereits länger gedauert als geplant, und man müsste nun endlich mit der Programmierung beginnen. Zeitmangel ist jedoch oft nur die Folge von mangelndem Wissen und mangelnder Koordination. Fehlen geeignete Mitarbeiter im Projektteam, die das Gesamtsystem verstehen und eine ganzheitliche Lösung entwickeln, wird man trotz zahlreicher Meetings, Abstimmungen und Telefonkonferenzen weder die Anforderungen noch die Bedienung und Funktionalität des zu entwickelnden Systems in ausreichender Qualität festlegen können.

Nicht weil man mit dem Ergebnis allseitig zufrieden ist, sondern weil man kein besseres zustande bringt, wird es als „fertig" deklariert, und in der Hoffnung fortgefahren, Versäumtes während des Systementwurfs und der Realisierung nachzuholen. Eine Hoffnung, die ungerechtfertigt und trügerisch ist, solange nach wie vor dieselben Projektleiter und Mitarbeiter am Thema arbeiten. Denn wieso sollten sie eine Aufgabe, die sie in der dafür vorgesehenen Zeit nicht erledige konnten, nunmehr neben ihren neuen Aufgaben - und zudem besser als bislang - bewältigen?

Irrweg 2: Ordnung ist nur das halbe Leben

Dokumentenvorlagen und Softwaremodelle sind Hilfsmittel zur Strukturierung der heterogenen Anforderungen vieler Einzelpersonen an ein Softwaresystem.

Doch nicht zwangsläufig verbessern Vorlagen den Inhalt und die Konsistenz der Gesamtdokumentation. Denn ihre Ordnung ist äußerlich und liefert nur den Rahmen zur systematischen Erfassung der Einzelinformationen. Bleiben diese oberflächlich, erhält man zwar hoch strukturiertes, aber nach wie vor kein tiefes Wissen. Man bewegt sich auf Irrweg 2 in Abbildung 20, der zum Wissenszustand „Formales Wissen" führt.

Die grafische Darstellung eines Softwaremodells ähnelt einem Elektroschaltplan. Sie besteht aus Symbolen, Verbindungslinien, Richtungspfeilen und Beschriftungen. Im Vergleich mit Schaltplänen, die eine konkrete Lösung plus Installationsanleitung darstellen, sind Softwaremodelle aber wenig präzise. Denn ohne detaillierte Regeln, was ihre Symbole bedeuten und wie man mit ihnen weiter verfahren soll, produziert man ebenso Widersprüche, Fehler und unvollständige Anforderungen wie mit Textdokumenten.

Auf den ersten Blick kann der Nicht-Fachmann ein schlechtes Modell nicht von einem brauchbaren unterscheiden, und ebenso wenig erkennt er, dass ein formal korrektes Dokument inhaltliche Mängel aufweist. Besteht die Qualitätssicherung vorrangig darin, die Benutzung der richtigen Dokumentenvorlagen, Modellierungsnotation und Modelltypen zu überprüfen, kann aus dem Formalen Wissen leicht Scheinwissen werden. Hier ein Beispiel:

Auf Präsentationsfolien für eine Service Orientierte Softwarearchitektur (SOA) findet man in der Regel – wie in Abbildung 21 exemplarisch zu sehen - einen Balken mit der Aufschrift ESB (**E**nterprise **S**ervice **B**us). Dieser sorgt – so die Theorie - für das Versenden von Nachrichten und Daten zwischen beliebigen Softwaresystemen. Das klingt beruhigend, wissen die Zuhörer doch zumeist aus Erfahrung, welche Mühe man mit den Schnittstellen zwischen den „historisch gewachsenen" Anwendungen hat. Möchte ein interessierter Teilnehmer, dem die schematische Darstellung auf der Folie und die Auflistung der vielfältigen Möglichkeiten eines ESB nicht genügen, exakt wissen, was ein ESB ist und wie er funktioniert, wird sich zeigen, ob der Präsentation ein durchdachtes oder bereits existierendes System zugrunde liegt oder nicht. Versichern die Autoren lediglich, dass ein ESB heute einfach ein Muss sei, auch wenn, wie sie ergänzend bemerken, die Fachwelt noch darüber diskutiert, ob man darunter eine Softwarearchitektur, ein Produkt oder beides versteht, ist Skepsis angebracht. Und auch ein Hinweis auf die Offenheit des Lösungsansatzes, der jedem Unternehmen seine angepasste ESB-Lösung gestattet, kann ein Zeichen von mangelnder Tiefe und Reife des vorgestellten Konzepts sein.

Das Beispiel illustriert, dass formale Modelle oder Dokumente das Verständnis von Zusammenhängen erleichtern können, aber kein Ersatz für deren detaillierte Ausarbeitung sind. Ohne die vorherige inhaltliche Bewertung und Konsolidierung von äußerlich strukturierten, aber zu oberflächlichen Informationen, führt deren Vertiefung auf Irrweg 2 zu einer schlechten, untauglichen Lösung, der im Wissenswürfel der Zustand „Chaotisches Wissen" entspricht.

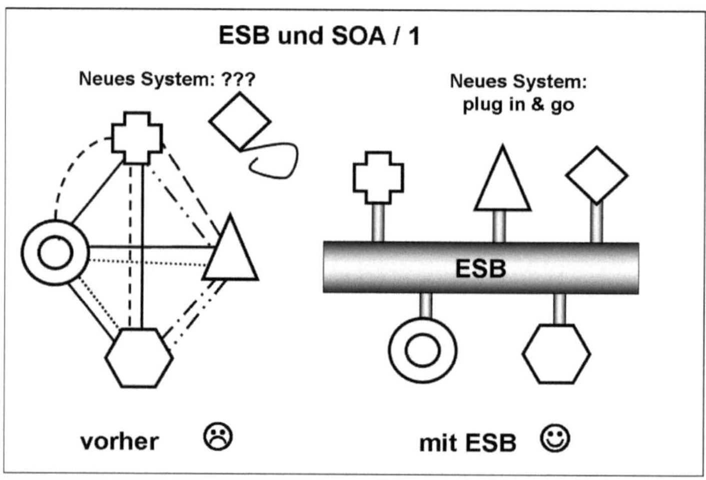

Abbildung 21 Beispiel einer SOA-Präsentationsfolie

Irrweg 3: Programmieren auf Verdacht und Vorrat

Die Diskussion von Experten über die richtige Methodik, Software zu entwickeln, beschäftigt die Fachpresse, Konferenzen und IT-Abteilungen seit man das Programmieren zu einer eigenständigen Fachdisziplin erhoben hat. Weitgehend einig ist man sich darüber, dass am Ende des Entwicklungsprozesses die lauffähige Software in Form von Quelltext und Daten existieren muss. Auch ein gewisser Umfang an Entwurfs- und Testdokumenten wird nicht in Abrede gestellt.

Doch bei Art und Umfang der Anforderungs- und Spezifikationsdokumente scheiden sich die Geister. Hier reicht die Spanne von „Alles detailliert definieren, spezifizieren, dokumentieren und verbindlich festschreiben" bis zur „Extremen Programmierung", einer Methode, die auf Anforderungs- und Spezifikationsdokumentation gänzlich verzichtet und sich auf den Softwareentwurf, den Test und die Programmierung konzentriert. Die „extreme" Methode setzt allerdings voraus, dass ein fachlich kompetenter Auftraggeber permanent im Entwicklungsteam mitarbeitet und als personifiziertes Lasten- und Pflichtenheft die Kundenanforderungen und Wünsche nennt, spezifiziert und priorisiert. Das Markenzeichen „extrem" steht deshalb nicht für die fehlende Anforderungsdefinition und Spezifikation an sich, sondern für das direkte Anzapfen des impliziten Wissens eines Fachexperten. Man erhofft sich von diesem Vorgehen, schnell, kostengünstig, flexibel und kundennah entwickeln zu können.

Findet sich jedoch kein Fachexperte oder ist er nicht permanent verfügbar oder weiß er weniger als erwartet, dann schlägt die extrem schnelle Entwicklung sehr leicht in eine extrem schlechte – den Irrweg 3 - um. Dieser durchläuft die Phase Anforderungsdefinition und Systemspezifikation ohne oder mit geringem Wissenszuwachs. Die Entwickler beginnen sofort einzelne Funktionen zu programmieren und erweitern diese später Stück für Stück. Auf diese Weise arbeiten auch Gelegenheitsprogrammierer und Anfänger, die sich über Probieren und Verwerfen zu einem Endergebnis, von dem man natürlich zumindest eine Vorstellung haben muss, vortasten.

Softwareentwickler haben allerdings zumeist einen Vorrat an Ideen, die sie gern ausprobieren und umsetzen möchten. Fehlen schriftliche oder mündliche Anforderungen seitens des Auftraggebers werden sie deshalb die Zeit überbrücken und einzelne Programme, Komponenten oder Detaillösungen erstellen, von denen sie glauben, dass man sie später gebrauchen kann. Doch ein Gesamtsystem aus derartigen Einzelteilen funktioniert selten. Denn selbst wenn das Programm laufen sollte, dürfte es schwerlich den Geld- oder Auftraggeber zufrieden stellen. Dieser konnte vielleicht nicht exakt formulieren, was er erwartet, umso besser weiß er aber, ob das gelieferte Ergebnis zu gebrauchen ist oder nicht. Und die Wahrscheinlichkeit, zufällig das Richtige entwickelt zu haben, geht gegen Null.

Trotz verschwindend geringer Erfolgsaussichten beschreiten Softwareentwickler den Irrweg 3 immer wieder – teils freiwillig, teils auf Anweisung ihrer Projektleiter und Vorgesetzten. Sind die Mitglieder eines Projekts zum Beispiel der Meinung, sie wüssten ohnehin besser, was ein Kunde braucht, werden sie fehlende Anforderungen und Spezifikationen nicht einfordern und sich in der festen Überzeugung, das Beste für den Kunde zu tun, dem Irrweg 3 zuwenden. Zunächst freiwillig, aber unbeabsichtigt gerät ein Projekt hingegen auf den Irrweg 3, wenn ein geplanter Versuch der „Extremen Programmierung" wegen mangelnder Kundenbeteiligung fehl schlägt.

Häufige sind Zeit - und Geldmangel die Ursache für den Irrweg 3. Denn unrealistische Endtermine, Zeitverzug oder ein viel zu geringes Entwicklungsbudget verleiten Projektleiter und Manager dazu, die Anforderungs- und Spezifikationsphase zu überspringen. Obwohl man wegen der fehlenden Softwarespezifikation den Umfang und damit die benötigten Ressourcen für das Projekt nicht einschätzen kann, beginnen die Entwickler – auf Anweisung ihrer Vorgesetzten - mit der Realisierung. Oft wider besseres Wissen hoffen die Projektverantwortlichen, dass sich noch alles zum Guten wendet oder zumindest ein Punkt erreicht wird, an dem der Auftraggeber gezwungen ist, Geld nachzuschießen und den Zeitrahmen zu vergrößern.

Wissen die beteiligten Fachleute und IT-Mitarbeiter allerdings nicht exakt, was das beabsichtigte System leisten soll und wie man es „baut", und waren ursächlich diese Wissensdefizite für die fehlenden Anforderungs- und Systemspezifikationen verantwortlich, dann führen auch mehr Geld und Zeit nicht zum Erfolg.

Irrweg 4: Das Ganze ist weniger als die Summe seiner Teile

Irrweg 4 steht für eine Kauflösung aus fertigen Komponenten und Produkten, welche sich nicht in dem Maße kompatibel und kombinierbar erweisen, wie man erhofft und geglaubt hat. Umfangreiche Anforderungs- und Systemspezifikationen hält man für entbehrlich, da man davon ausgeht, eine fertige Branchenlösung zu kaufen, die alle notwendigen Funktionen mitbringt. Jedes Kaufprodukt für sich arbeitet gemeinhin in der vom Hersteller installierten Testumgebung überzeugend und rechtfertigt den Wissenszustand „Spezialistenwissen", den man beim Beschreiten des Irrwegs 4 erreicht. Erfolgt der Zusammenbau der einzelnen Komponenten jedoch mechanisch und ohne Kenntnis ihrer wechselseitigen Abhängigkeiten, gleitet das Gesamtsystem in Richtung Chaos ab. Denn fehlende oder inkompatible Schnittstellen zwischen gekauften und existierenden Systemen, „vergessene" Funktionen oder starre Datenstrukturen führen zu einem unbrauchbaren Gesamtsystem.

Für eine komplexe Lösung aus vorgefertigten Komponenten wird ein Bauplan benötigt, der die korrekte technische und fachliche Zusammenarbeit der Einzelteile sichert. Derartige Pläne bezeichnen Softwareentwickler – in Anlehnung an das Baugewerbe - als technische und fachliche Architekturen. Softwarearchitekturen gehören zum Wissenszustand „Abstraktes Wissen, Systemverständnis". Ihre Vorgaben beschränken die Freiheit der Softwareentwickler und definieren die Standards für Softwarebausteine. Eigenheiten und Detaillösungen müssen zugunsten der Kombinierbarkeit entfallen oder reduziert werden. Geschieht das, kann man Irrweg 4 in Richtung „Systemverständnis" verlassen und in einen erfolgversprechenden Entwicklungspfad einmünden. Die nachträgliche Anpassung „fertiger" Komponenten schmälert allerdings den Kostenvorteil, den sich Unternehmen durch den Kauf - statt Eigenentwicklung - der Software versprechen oder verkehrt ihn ins Gegenteil.

Der Königsweg: Benutze Softwarearchitekturen und Softwaremodelle

Die äußere und innere Sicht von IT-Systemen

Die in den vorangegangenen Kapiteln betrachteten Irrwege der Softwareentwicklung umgehen den Zustand „Abstraktes Wissen, Systemverständnis". Bevor man ein komplexes IT-System erfolgreich realisieren kann, muss man es aber zuerst verstehen und wie jedes andere industriell gefertigte Produkt planen und entwerfen. Denn moderne Softwareentwicklung erschöpft sich nicht im Austüfteln von Algorithmen, sondern ähnelt der Konstruktion eines Bauwerks, Fahrzeugs oder einer Maschine.

IT-Systeme sind Mechanismus aus Bauteilen und Programmen - der Hard- und Software - die ihren Benutzern eine bestimmte Funktionalität zur Verfügung stellen. Über grafische Bedienelemente, Kommandos oder Sensoren lassen sich die einzelnen Funktionen aufrufen und liefern das gewünschte Ergebnis, beispielsweise ein Bildschirmbild, ein Dokument oder eine Telefonverbindung.

Für die Benutzer eines IT-Systems, das heißt für die Menschen vor den Bildschirmen, an der Tatstatur und am Joystick oder für andere IT-Systeme beziehungsweise deren Entwickler, sind die entscheidenden Systemmerkmale äußerer Natur. Sie interessiert vor allem, was das System leistet:

- Die Qualität und die Quantität der verfügbaren Funktionen und Dienste
- Die äußere Erscheinung und die Art und Weise der Bedienung
- Die Form und das Aussehen von Bildschirmausgaben, Listen, Grafiken und Dokumenten.

Wie die Funktionalität des Systems „innen" zustande kommt, ist dabei kaum von Interesse. Jedoch erwartet man– häufig unausgesprochen – zahlreiche Qualitätsmerkmale, gemäß denen das IT-System die folgenden Eigenschaften aufweisen soll:

- korrekt
- schnell
- kostengünstig
- zuverlässig
- wartungsfreundlich
- robust gegen Fehlbedienung
- einfach erweiter- und flexibel anpassbar

Für die Softwarearchitekten und die Entwickler besteht die Aufgabe darin, die innere Struktur und das innere Verhalten des Systems so festzulegen, dass es die geforderten äußeren Merkmale in der notwendigen Qualität aufweist.

Weil Softwaresysteme keinen physikalischen Gesetzen unterliegen, gibt es bei ihrer Konstruktion weitaus mehr Möglichkeiten als für „normale" technische Systeme, das geforderte äußere Verhalten zu realisieren. Die Qualität der Lösung hängt allerdings wesentlich von seiner durch die Softwarearchitektur definierten inneren Struktur ab. Softwarearchitekturen abstrahieren vom konkreten fachlichen Inhalt. Sie sind Baupläne und Konstruktionsanleitung für ähnliche – nicht gleiche – IT-Systeme. Sie definieren die Art, die Anzahl und die Beziehungen der Komponenten eines IT-Systems, damit dieses die geforderte Funktionalität in der gewünschten Qualität besitzt.

Bau-Architekten und Konstrukteure von Maschinen, Fahrzeugen und Anlagen benutzen Zeichnungen, 3D-Modelle, Simulationen und Prototypen, um das künftige Produkt zu verstehen, zu testen, zu optimieren und zu dokumentieren. Das Wissen über das Ergebnis der Entwicklung findet sich in kondensierter Form in den Modellen wieder. Diese sind Anschauungsmaterial und Bauplan für die spätere Realisierung.

Für den gleichen Zweck benötigen Software-Architekten Modelle des IT-Systems. Gute Modelle und damit gut konstruierte IT-Systeme erfordern ingenieurtechnisches Wissen und eine entsprechende Arbeitsweise. Diese zeichnet sich durch folgende Merkmale aus:

- Kunden und Auftraggeber müssen verstehen, was bestimmte IT-Systeme wie zum Beispiel ein Workflow-System oder eine Webanwendung zu leisten vermögen, um keine unsinnigen Anforderungen zu stellen.
- Projektleiter und Entwickler müssen wissen, dass Softwarearchitekturen und das Gesamtverständnis des zu entwickelnden Systems zwingend notwendig sind
- Softwarearchitekten müssen Architekturen und Modelle so detailliert ausarbeiten, dass sie Lösungen definieren und nicht nur Prinzipien beschreiben

Alle Merkmale fordern von Auftraggeber und Auftragnehmer das gemeinsame Systemverständnis, welches am schnellsten auf dem „Königsweg" von Abbildung 22 erreicht wird.

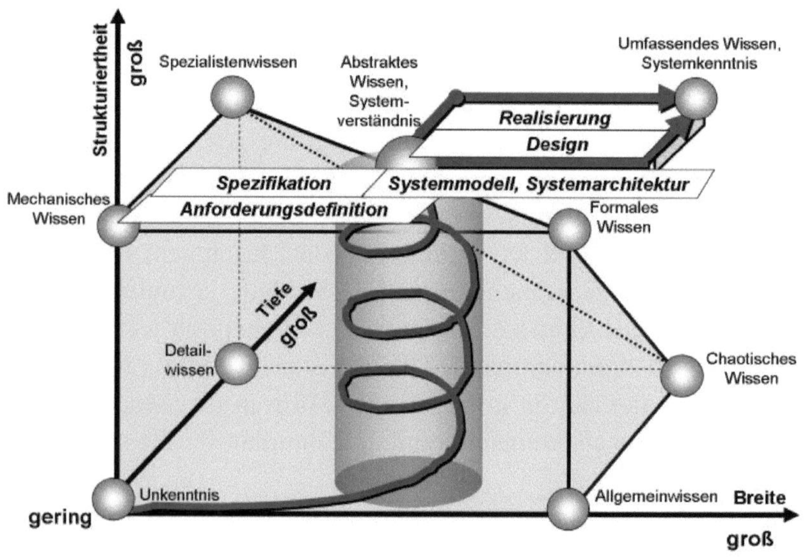

Abbildung 22 Systemmodelle und -architekturen als Schlüssel zum Erfolg

Wählt man dieses Vorgehen, muss man sich zyklisch emporarbeiten und bereit sein, Teilergebnisse zu revidieren und Aufgaben – ausgerüstet mit neuen Erkenntnissen – zu wiederholen. Geschieht dies mit ausreichendem Vorwissen und Können, werden hochwertige Ergebnisse in angemessener Zeit entstehen. Erfahrene Könner unter den Softwarearchitekten und Softwareentwickler werden immer den „Königsweg" empfehlen und selbst wählen. Denn dieser liefert die besten Ergebnisse in der kürzesten Zeit.

Die Irrwege 1 – 4 beruhen deshalb selten auf einer bewussten Entscheidung des Projektteams, sondern sie ergeben sich zwangsläufig, wenn die Fähigkeiten, Software professionell zu entwickeln, begrenzt sind. Doch Professionalität erreicht man erst nach Jahren der Ausbildung und der intensiven Beschäftigung mit einem Sachgebiet. Ein Friseuse, ein Automechaniker oder ein Elektriker lernen drei Jahre. Das Handwerk der Softwareentwicklung erlernt man nicht schneller. Nur scheint bei seiner Ausübung die Hemmschwelle, ungenügende Erfahrung und fehlendes Wissen zu tolerieren, niedriger zu sein als in anderen Berufszweigen.

Wohin die unberechtigte Sorglosigkeit führt, habe ich anhand des Wissenswürfels illustriert. Denn Software kann nur so gut sein wie die Lösungskonzepte und Konstruktionsunterlagen, zu deren notwendigen Bestandteilen Softwarearchitekturen und Softwaremodelle gehören.

Modelle als Hilfe, wenn die Vorstellung versagt

Unsere Alltagserfahrungen, unser Vorstellungsvermögen und unsere Sinne helfen uns nicht unmittelbar, abstrakte Strukturen und Verhaltensweisen zu verstehen und deren Sinn oder Unsinn zu beurteilen. Wir brauchen deshalb Hilfsmittel, um die Kluft zwischen den abstrakten Symbolen der Mathematik oder den virtuellen Objekten der Computerprogramme und den uns bekannten Begriffen und Erscheinungen zu überbrücken.

Berühmte Physiker wie Albert Einstein, Niels Bohr oder Richard

Feynmann verwandten viel Mühe und Zeit darauf, einfache Analogien und allgemeinverständliche Erläuterungen für die Resultate und Konsequenzen ihrer physikalischen Theorien zu finden. Vereinfachte Modelle, mögen sie auch noch so einleuchtend sein, können allerdings nicht die exakten Berechnungen und Formeln ersetzen. Sie bedürfen stets einer kritischen Überprüfung, um zu verhindern, dass eine Analogie für das Original gehalten oder unzulässig ausgedehnt wird. Für das Verständnis abstrakter Sachverhalte sind Metapher oder anschauliche Bilder jedoch unerlässlich. Besonders nützlich sind Entsprechungen dann, wenn sie dem Arbeits- oder Lebensbereich derjenigen Personen entnommen sind, denen ein schwieriges Thema näher gebracht werden soll.

Manchmal enthalten die Abstraktionen selbst den Schlüssel für ein anschauliches Bild des nicht direkt beobachtbaren Geschehens. Denn Erscheinungen, welche auf den gleichen oder auf sehr ähnlichen mathematischen Formeln beruhen, sind tatsächlich äquivalent im Sinne ihrer inneren Struktur. Zum Beispiel existiert eine Analogie zwischen dem elektrischen Strom und strömenden Wasser, die man auf die Ähnlichkeit der physikalischen Modelle und Formeln zurückführen kann.

In Tabelle 7 habe ich Begriffe und Erscheinungen der Strömungslehre und der Elektrodynamik, die einander entsprechen, aufgelistet. Strömendes Wasser ist eine alltägliche Erscheinung. Wir können es sehen, fühlen und seine Wirkung direkt spüren. Der elektrische Strom, der durch einen Draht fließt, lässt sich hingegen nicht einfach beobachten. Dennoch erscheint er uns vertraut, da wir uns die Ladungen als sehr kleine Kügelchen oder Tropfen vorstellen, die durch den Draht strömen.

Anschauliche Modelle und Analogien zu bekannten Sachverhalten bilden die Gerüste und Leitern, mit denen unser Verstand abstrakte Zusammenhänge erschließt und zu neuen Einsichten gelangt.

Wasserströmung	Elektrischer Strom
Stoffmenge (Masse) des Wassers	Ladungsmenge
Massenstrom (Masse pro Zeit)	elektrischer Strom (Ladung pro Zeit)
Wasser fließt in Wasserleitungen	Strom fließt in Stromleitungen
Wasser transportiert mechanische Energie	Strom transportiert elektrische Energie
Pumpe	Dynamo
Turbine, Wasserrad	Motor, elektrischer Verbraucher
Wasserspeicher, Talsperre	Batterie, Akku
Wasserhahn	Schalter
Strömungswiderstand	elektrischer Widerstand
Höhen- bzw. Druckdifferenz zwischen zwei Punkten einer Wasserkreislaufs	Elektrische Spannung zwischen zwei Punkten eines Stromkreises

Tabelle 7 Analogie zwischen elektrischem Strom und strömenden Wasser

Eine moderne physikalische Theorie stellt als Ganzes das Modell eines Ausschnittes der uns umgebenden objektiven Wirklichkeit dar. Die Modellierungssprache der Theoretischen Physik ist die Mathematik. Physikalische Modelle müssen darum in eine mathematische Form gebracht und mit mathematischen Mitteln ausgearbeitet werden. Sehr einfache physikalische Modelle können bereits komplizierte mathematische Ausdrücke und Verfahren erfordern. Diese entziehen sich oftmals nicht nur der Anschaulichkeit, sondern führen eine Art Eigenleben. So zählt es zu einer der wichtigsten Aufgaben jeder physikalischen Theorie, die Ergebnisse der mathematischen Umformungen auf ihre physikalische Bedeutung hin zu überprüfen. Als entscheidendes Kriterium für die Gültigkeit einer theoretischen Aussage gilt deren Bestätigung durch Beobachtung oder durch Experimente.

Die zyklische Wechselwirkung zwischen physikalischem Modell, mathematischer Umsetzung, Interpretation der mathematische Ergebnisse und experimenteller Überprüfung der theoretischen Voraussagen kennzeichnet die wissenschaftliche Methode der Physik.

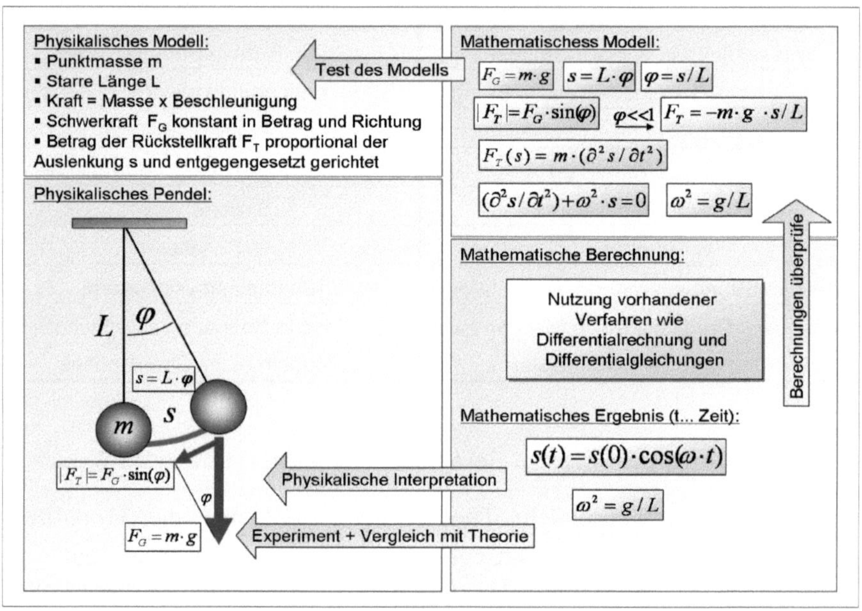

Abbildung 23 Modelle in der Physik

In Abbildung 23 sind die einzelnen Arbeitsschritte am Beispiel eines einfachen Fadenpendels skizziert. Die Brauchbarkeit der Modelle zeigt sich erst am Ende, wenn theoretische Vorhersagen mit experimentellen Ergebnissen verglichen werden können. Die innere Konsistenz der Umformungen muss aber während des gesamten Prozesses durch Rückkopplung zwischen den einzelnen Abstraktionsebenen gewährleistet werden. So ist in unserem Beispiel die physikalische Modellaussage einer linearen Rückstellkraft nur dann erfüllt, wenn kleine Auslenkwinkel $\varphi \ll 1$ vorliegen. Denn nur dann gilt:

$$\sin(\varphi) \approx \varphi = s / L \ \rightarrow \ F_T = -m \cdot g \cdot s / L.$$

Auch im Softwareentwicklungsprozess werden Modelle definiert. Der Zweck der Softwareentwicklung besteht allerdings nicht darin, die Gesetzmäßigkeiten der Natur zu verstehen, sondern ein Produkt zu entwickeln. Softwaremodelle sind deshalb eine Art Konstruktionsunterlagen, ähnlich den Plänen und Modellen von Anlagen, Häusern, Autos oder Maschinen. Man erstellt sie, um vorab eine Vorstellung von der Funktion des zu entwickelnden Produktes zu erhalten, um konstruktive Lösungen zu formulieren und um die Tauglichkeit der Entwürfe zu überprüfen.

Software ist allerdings ein geistiges Produkt. Deshalb ist die Softwareentwicklung näher verwandt mit der Ausarbeitung einer physikalischen Theorie als mit der Konstruktion einer Maschine. In Tabelle 8 habe ich die Arbeitsweisen in der Physik und der Softwareentwicklung einander gegenübergestellt.

Physik	**Softwareentwicklung**
Modelle natürlicher Objekte	Modelle des Softwareproduktes
Modelle zeigen, wie die Natur funktioniert	Modelle zeigen, wie das künftige Softwareprodukt funktioniert
Physikalisches Modell	Logisches Objektmodell
Mathematisches Modell	Design-Objektmodell
Mathematische Berechnung	Quelltext-Erstellung
Berechnete Endergebnisse für messbare physikalische Größen	Lauffähiger Quelltext mit testbarer Funktionalität
Experimente und Beobachtungen zum Test der Modelle und ihrer Ergebnisse	Test der Softwarefunktionalität gegen die Produktanforderungen

Tabelle 8 Modelle in der Physik und der Softwareentwicklung

Das logische Objektmodell entspricht hierbei dem physikalischen Modell, das Design-Objektmodell dem mathematischen Modell und die Quelltext-Erstellung der mathematischen Ausformulierung einer physikalischen Theorie. Die fertige physikalische Theorie liefert mathematische Formeln und Verfahren, welche experimentell überprüfbare Voraussagen zulassen. Analog ist Software erst dann verifizier- und testbar, wenn die lauffähige Form des Quelltexts vorliegt.

In Abbildung 24 sind die Entwicklungsabschnitte und Modellierungsstufen der Softwareentwicklung an einem vereinfachten Beispiel dargestellt. Die zu entwickelnde Software soll mathematische Funktionen auf dem Bildschirm oder Drucker graphisch darstellen. Das logische Objektmodell beschreibt und definiert die Mechanismen und Strukturen der Lösung. Im Beispiel wird die Grafik aus einzelnen Linienstücken aufgebaut, welche in ein virtuelles Zeichenblatt gezeichnet werden. Jede modellierte Lösung muss gegen die Anforderungen geprüft werden. Sie ist dann brauchbar, wenn die fertige Software alle Produktanforderungen erfüllt.

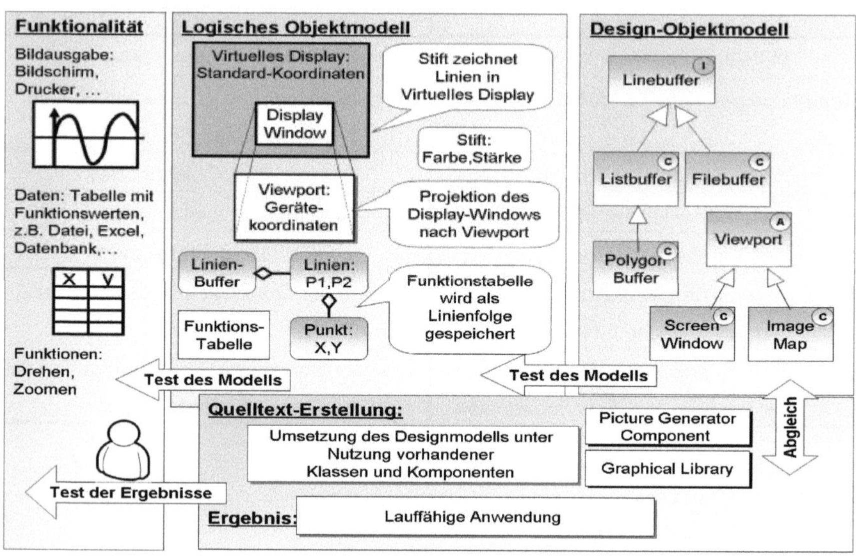

Abbildung 24 Modelle in der Softwareentwicklung

5. Das Wissen von morgen

Mehr als die Vergangenheit interessiert mich die Zukunft,
denn in ihr gedenke ich zu leben.

Albert Einstein

Worin das Wissen von morgen im Detail bestehen und wie es verteilt
sein wird, kann niemand präzise vorhersagen. Einige Merkmale der
Wissensentwicklung zeichnen sich aber schon heute ab:

- der Abstand zwischen Durchschnitts- und Spitzenwissen
  wächst
- die Differenzierung und Spezialisierung des Wissens geht
  weiter
- abstraktes Wissen gewinnt an Bedeutung
- mathematische und Computermodelle werden unverzichtbar
- digitale Daten und Internetdienste werden dominant
- Technik wird via Internet gesteuert und überwacht
- Wissen, Glaube und Aberglaube existieren gleichzeitig
- ein Wissensschub in Politik, Ethik und Moral wird gebraucht

Mehr dazu in den folgenden Kapiteln.

Spitze und Durchschnitt

Ich verstehe unter der Spitze des Wissens die „vorderste Front" wissenschaftlicher Erkenntnisse, einschließlich ihrer theoretischen Aufarbeitung und praktischen Anwendung. Kennzeichnend für Spitzenwissen in diesem Sinne sind abstrakte Modelle, die Nutzung der höheren Mathematik und die computergestützte Informationsverarbeitung. Denn erst über abstrakte Modelle gelangt man von empirischem Wissen und Messwerten zu definierten Begriffen und deren Relationen. Quantitative Modellaussagen und Prognosen erhält man aber nur, wenn die Modelle mathematisch formuliert oder direkt als Computerprogramm abgebildet werden. Selbst dann, wenn eine mathematische Formel beziehungsweise ein Gleichungssystem vorliegen, werden die Berechnungsalgorithmen zumeist numerisch oder in Form einer Computersimulation ausgeführt. Zum einen, weil der Computer das Ergebnis schneller und zuverlässiger liefert, und zum anderen, weil es oft die einzige Möglichkeit ist, um konkrete Resultate mathematischer Lösungsansätze zu erhalten.

Grenzt man den Begriff „Spitzenwissen" auf diese Weise ab, dann gehören seine Wissensinhalte im Modell des Wissenswürfels hauptsächlich zu den Wissenszuständen „Spezialistenwissen" und „Abstraktes Wissen/ Systemverständnis".

Spitzenwissen ist schwierig, denn es kombiniert drei – an sich schon schwierige – Bestandteile: Abstrakte Modelle + Mathematisierung + Programmierung.

Die Elementarteilchenforschung, die Arbeit an der gesteuerten Kernfusion, die Entschlüsselung der menschlichen Gene und die Quanteninformatik sind herausragende Beispiele für Themen und Projekte der Kategorie „Spitzenwissen". Aber auch weniger spektakuläre technische, naturwissenschaftliche, betriebswirtschaftliche oder finanzmathematische Themen erfordern abstraktes, exaktes und mathematisches Wissen, das weit über dem durchschnittlichen Wissen des Einzelnen liegt.

Durchschnittswissen erwirbt man über die Schul- und Berufsausbildung, durch die Erziehung und durch eigene Erfahrung oder man kann es direkt aus Wissens- und Datenspeichern wie Lexika oder dem Internet entnehmen und – ohne Spezialkenntnisse zu besitzen – verstehen.

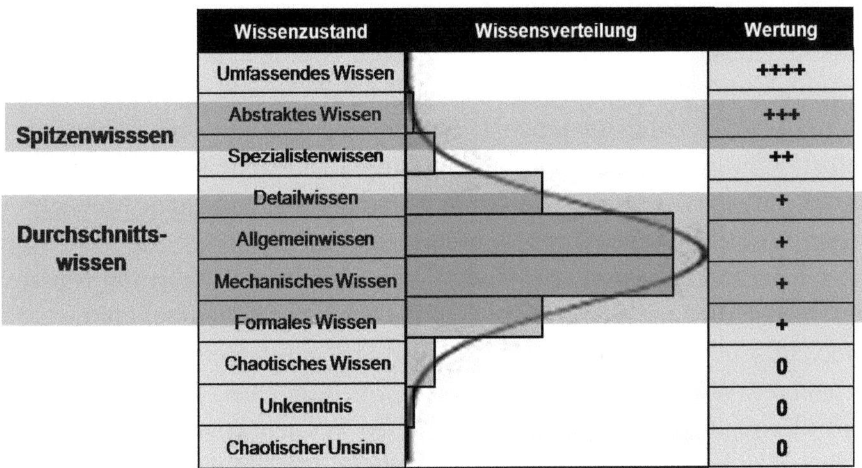

Abbildung 25 Verteilung des Wissens zu den Zuständen des Wissenswürfels auf „Köpfe"

In Abbildung 25 habe ich, um die Begriffe „Durchschnittswissen" und „Spitzenwissen" zu veranschaulichen und gegeneinander abzugrenzen, eine Verteilungskurve skizziert. Sie zeigt an, wie häufig einzelne Menschen Wissens besitzen, das zu den einzelnen Wissenszuständen des Wissenswürfels gehört. Die Fläche unter der Kurve zu einem Wissenszustand symbolisiert die Anzahl Menschen, die Wissen dieser Art besitzen. Für die Verteilung habe ich die Form einer

Gaußschen Glockenkurve gewählt und deren Maximum so positioniert, dass ihr mathematischer Mittelwert, der den mittleren Wissenszustand eines Menschen repräsentiert, zwischen den Zuständen „Allgemeinwissen" und „Mechanisches Wissen" liegt.

Diese Festlegung definiert ein Verteilungsmodell, das – obwohl es vor allem der Begriffsdefinition und Abgrenzung dient - die bisherigen Überlegungen dieses Buches berücksichtigt. Denen zufolge besitzt jeder Mensch Allgemeinwissen und - mit steigender Tendenz - auch Mechanisches Wissen zur Bedienung und Nutzung der Geräte und Services der technischen Infrastruktur. Da der globale Markt alle Regionen der Welt mit den gleichen Produkten versorgt, ist die moderne Technik auch in jenen Gebieten und Ländern verfügbar, die selbst nicht in der Lage sind, hochwertige technische Güter zu entwickeln und herzustellen. Die Menge und Verbreitung des Mechanischen Wissens wird deshalb weltweit zunehmen.

Unter den bislang getroffenen Voraussetzungen gehört die Masse des menschlichen Wissens zu den Zuständen „Allgemeinwissen", " Mechanisches Wissen", „Formales Wissen" und „Detailwissen". Die genannten Wissenszustände reichen in der Regel aus, um die Alltagsanforderungen zu meistern. Die gleichen Wissenskategorien bestimmen auch das Durchschnittswissen, dessen Definition ich auch deshalb für sinnvoll halte.

Spitzenwissen, wie ich es definiert habe, erwerben prozentual wenige Menschen und entsprechend gering ist sein Gewicht – sichtbar als Fläche unter der Gaußkurve – in der Verteilung. Der hohe Schwierigkeitsgrad des Spitzenwissens begrenzt die Anzahl potenzieller Wissensträger. Es bedarf zum Beispiel weder strenger Auswahlverfahren noch staatlicher Quoten, um die Anzahl der Absolventen deutscher Hochschulen in den Fächern Mathematik, Physik und Chemie zu beschränken. Denn mehr als jeweils etwa 2000 pro Jahr sind es nicht.

Sportler können durch Dopingmittel ihre körperliche Leistungsfähigkeit beträchtlich steigern. Intelligenzsteigernde Präparate sind bislang unbekannt. Deshalb bleibt das schwierigste Wissen – im Vergleich zur Gesamtbevölkerung – wenigen Menschen vorbehalten, nicht nur in Deutschland, sondern in allen Ländern der Erde.

Auch der Mythos von der besonderen indischen Begabung für Mathematik und Logik ändert daran nichts, denn der dürfte vor allem auf die Beschäftigung indischer Softwareentwickler durch internationale Konzerne zurückzuführen sein, wobei jedoch die niedrigen Lohnkosten vermutlich schwerer wiegen als die überdurchschnittliche Begabung der indischen Softwareentwickler. Denn für einfache Programmierarbeiten braucht man kein Spitzenwissen, sondern vor allem eine solide Ausbildung, Fleiß und Genauigkeit.

Wie viele Menschen bei besten Bedingungen, intensiver Förderung und hoher Motivation in der Lage wären, sich Spitzenwissen anzueignen, weiß man nicht. Denn Milliarden Menschen haben schlechte Bedingungen und keinerlei Förderung. In Indien und China mit zusammen etwa 2 Milliarden Menschen herrscht Aufbruchstimmung und Technikbegeisterung. Dort steigt der Anteil des Spitzenwissens. In Afrika ist ein vergleichbarer wirtschaftlicher Aufschwung nicht in Sicht und die Bevölkerung wächst stetig, so dass auf dem afrikanischen Kontinent tendenziell der Anteil der Menschen mit Spitzenwissen sinken wird.

In Deutschland als einen Vertreter der Industriestaaten führte der Anstieg der Studentenzahlen nicht im gleichen Maße zu mehr Absolventen in Mathematik, Physik, Chemie, Elektrotechnik oder verwandten Studienfächern. Theoretisch könnten in Deutschland mehr Abiturienten als heute ein schwieriges, mathematiklastiges Studium absolvieren. Denn die Hälfte der Bevölkerung, nämlich die weibliche, ist bei technischen und naturwissenschaftlichen Studiengängen stark unterrepräsentiert. Eine gänzlich andere Verteilungskurve zwischen Durchschnitts- und Spitzenwissen, als sie Abbildung 25 zeigt, würde eine Angleichung der weiblichen an die männlichen Absolventenzahlen jedoch auch nicht bewirken.

Der Anteil der Menschen, die in der Lage sind, sich Spitzenwissen anzueignen und es praktisch anzuwenden, wird sich in Zukunft verändern. Eine Prognose des genauen Wertes und der Richtung dieser Veränderung möchte ich nicht wagen. Allerdings dürfte sich der absolute Wert im einstelligen Prozentbereich bewegen und wird kaum 20%, 30% oder 40% erreichen. Die Berufs- und Studienwünsche der Jugendlichen in den wohlhabenden Industriestaaten deuten jedenfalls daraufhin, dass mit steigendem Wohlstand die Bereitschaft, sich schwieriges Wissen anzueignen, einen Grenzwert erreicht, und dass weniger als 10% der Bevölkerung Spitzenwissen erwerben.

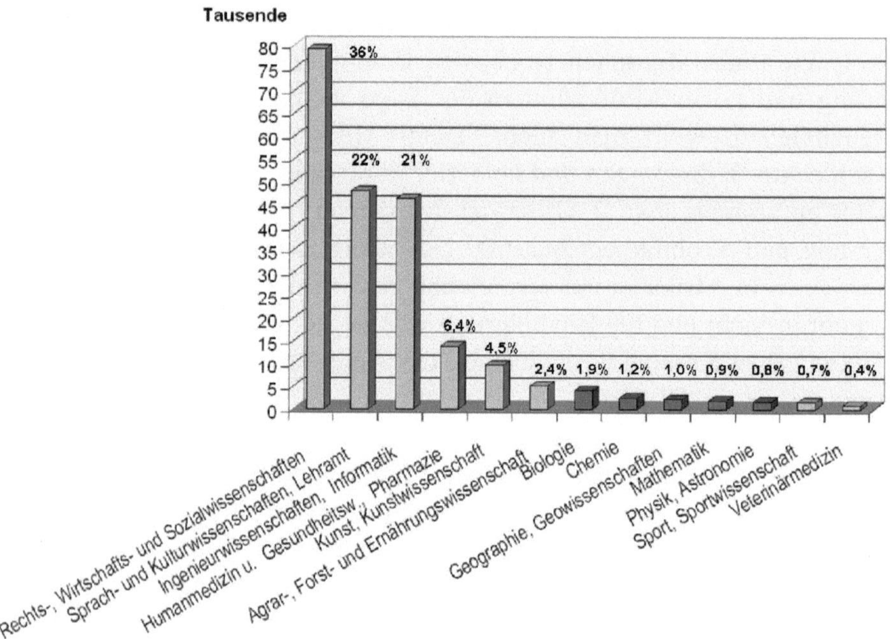

Abbildung 26 Bestandene Prüfungen 2005, Mathematik, Naturwissenschaften einzeln ausgewiesen [13]

---

[13] Quelle zu bestandenen Prüfungen: Statistisches Bundesamt, Fachserie 11, R 4.2, PJ 2005

158

Da das heutige Spitzenwissen ständig die Grenzen des Bekannten erweitert und seine theoretischen Konzepte nur wenig mit der sinnlichen und Alltagserfahrung gemein haben, wächst der Abstand zwischen Durchschnitts- und Spitzenwissen sowohl hinsichtlich des Schwierigkeitsgrades als auch bezüglich der Menge an Wissensinhalten.

Die ungleiche inhaltliche Dynamik von Durchschnitts- und Spitzenwissen wird durch Standardisierung und Globalisierung verstärkt. Denn weltweit gültige Normen und Standards vereinheitlichen und vereinfachen das Mechanische Wissen zur Nutzung der technischen Infrastruktur, und die globale Vermarktung von Produkten, Dienstleistungen und Lebensweisen nivelliert das Detail- und Alltagswissen und verringert dessen lokale Vielfalt.

Durchschnitts- und Spitzenwissen werden deshalb auch künftig qualitativ und quantitativ weiter auseinander driften.

Spezialist + Generalist = Versatilist

Die Spezialisierung des Wissens geht weiter
Abstraktes Wissen gewinnt an Bedeutung

Neues Wissen eröffnet nicht nur neue Erkenntnisse, sondern auch neue materielle Möglichkeiten, die zu noch mehr Wissensvielfalt beitragen. Immer mehr und immer speziellere Wissens- und Sachgebiete sind die Antwort auf die vom Einzelnen nicht mehr überschaubare Wissensmenge. Das Universalgenie früherer Zeiten ist eine ausgestorbene Gattung, denn selbst der genialste Mensch der Neuzeit kann – wegen seiner begrenzten Lebensdauer – nicht das gesamte Menschheitswissen beherrschen.

Das Dilemma der fortwährenden Spezialisierung besteht darin, dass der Nur-Spezialist von immer weniger, immer mehr weiß. Umgekehrt läuft der Generalist Gefahr, von immer mehr, immer weniger zu wissen und bei allgemeiner Beliebigkeit oder beim Wissenszustand „Formales Wissen" zu enden.

Die Unternehmensberatung Gartner löst das Dilemma sowohl des Spezialisten als auch des Generalisten, indem es in einem 2005 publizierten Artikel[14] den Versatilisten[15] als Superman der IT entdeckte. Folgende - frei übersetzte – Definition des Versatilisten findet sich im erwähnten Gartner-Artikel:

> „War das letzte Jahrzehnt das Zeitalter der Spezialisten, wird dieses Jahrzehnt das Zeitalter der Versatilisten sein", sagte Frau Morello. „Versatilisten sind Menschen, die aufgrund ihrer zahlreiche Rollen, Aufgabengebiete und Erfahrungen in der Lage sind, Wissen aufzubauen und in Zusammenhang zu bringen, und so den Geschäftsnutzen zu steigern. Versatilisten können ihr tiefes Wissen und ihre Erfahrungen in vielfältigen Situationen und Herausforderungen einsetzten. Sie setzen ihr bereichsübergreifendes Verständnis ein, um Teams zu formen und Kompetenzlücken zu füllen."

Der Versatilist, so die Theorie, schlüpft nach Bedarf in die Rolle des Generalisten und, nicht nur eines, sondern verschiedener, Spezialisten. Rollen stehen in Organisations- und Prozessmodellen für die später zu benennenden Mitarbeiter. Sie bündeln Aufgaben und Verantwortlichkeiten und nennen die Kenntnisse, Fähigkeiten und Eigenschaften (engl. Skills), die man besitzen sollte, um der Rolle gerecht zu werden. Ob es Menschen gibt, welche die Rolle ausfüllen und umsetzen können, muss dann die Praxis zeigen.

Der von Gartner beschriebene Versatilist ist ebenfalls lediglich eine Rollenbeschreibung, wenn nicht nur ein Wunschtraum. Mit ihm

---

[14] http://www.gartner.com/press_releases/asset_139314_11.html

[15] Versality bedeutet auf deutsch „Flexibilität", „Vielseitigkeit", „vielseitige Verwendbarkeit"

wird eine fiktive Person beziehungsweise ein Skill-Profil definiert, welches in der IT-Organisation das verbindende Element zwischen den Spezialgebieten bilden und den Blick und das Verständnis fürs Ganze besitzen soll.

Gartners Rollendefinition trägt der Tatsache Rechnung, dass in vielen Unternehmen die von mir beschriebenen Symptome des Wissensverlusts als Folge der automatischen Informationsverarbeitung unübersehbar sind. Wer sollen aber die Supermänner sein, die jahrzehntelange Versäumnisse im Alleingang ausbügeln und allein mehr leisten als mehrere Spezialisten und Manager zusammen?

Aus der Fülle und Art ihrer Aufgaben kann man zumindest schließen, dass ihr Wissen dem Wissenszustand „Abstraktes Wissen, Systemverständnis" entsprechen muss. Denn wie sonst, als durch ausgeprägtes Abstraktionsvermögen und die Fähigkeit, Strukturen und wesentlichen Gesetzmäßigkeiten hinter den vordergründigen Erscheinungen zu erkennen, sollte ein Versatilist den Spagat zwischen Generalist und Vielfach-Spezialist schaffen können?

Fast zwangsläufig gelangt man zum gleichen hochwertigen Wissen wie bei der obigen Definition des Begriffs „Spitzenwissen" oder beim empfohlenen Weg der Softwareentwicklung oder bei der Beschreibung der Vorzüge einer naturwissenschaftlich-mathematischen Ausbildung.

Versatilisten braucht nicht nur die IT, deshalb werden die Bedeutung des abstrakten Wissens und der Bedarf an Personen, die es besitzen, steigen. Ob es jedoch ausreichend viele Versatilisten gibt, und unter welchen Bedingungen diese bereit sein werden, die ihnen zugedachte Herkulesarbeit in Angriff zu nehmen, beantwortet die Rollendefinition nicht.

Mathematisierung und Digitalisierung

Mathematische und Computermodelle werden unverzichtbar

Im August des Jahres 2007 entging die Düsseldorfer IKB-Bank nur knapp der Insolvenz (danach kam es, wie wir heute wissen, noch schlimmer). Die Bank verspekulierte sich mit Immobilienkrediten in den USA. Die staatliche KfW Bank (Kreditanstalt für Wiederaufbau) rettete das angeschlagene Geldinstitut mit einer Bürgschaft von 8 Milliarden Euro.

Keiner der Verantwortlichen der IKB-Bank hatte das enorme Risiko der Geschäfte erkannt. Gegenmaßnahmen zu dessen Begrenzung wurden nicht getroffen. Der Bank fehlte offensichtlich das notwendige Fachwissen zur Einschätzung der Kreditrisiken, ein Wissen, das zum Sachgebiet „Finanzmathematik" zählt und bankfachliches Verständnis mit speziellen Kenntnissen der höheren Mathematik sowie Fertigkeiten der Softwareentwicklung verbindet.

Die Finanzmathematik stützt sich auf die Stochastik (Wahrscheinlichkeitstheorie, Statistik) und die Theorie der stochastischen Prozesse (Zufallsprozesse). Diese beiden Teilgebiete der Mathematik spielen auch - in spezieller Ausprägung – eine entscheidende Rolle bei der Formulierung der Thermodynamik und der Quantentheorie. Die Modelle zur Abschätzung von Kreditrisiken und zur Bewertung von Finanzprodukten werden deshalb häufig von Mathematikern, Wirtschaftsmathematikern und Physikern entwickelt und implementiert. Denn diese verfügen über die mathematischen Voraussetzungen und zum Teil auch bereits über das Zusatzwissen in Betriebswirtschaft, Finanzmathematik und Informatik. Die Finanzmathematik gehört zu den jungen Zweigen der praktischen Mathematik. Ihre Bedeutung wächst angesichts globaler Finanzmärkte und deren Automatisierung durch Handels- und Transaktionssysteme.

Andere Sachgebiete wurden schon wesentlich früher „mathematisiert". Dazu gehören die Landvermessung, die Navigation, die Physik und die Ingenieurwissenschaften. Mit der Ausarbeitung der Quantenmechanik und der physikalischen Erklärung der chemischen Bindung der Atome wurde auch die Chemie auf physikalische – und damit mathematische – Grundlagen gestellt. Allein die Biologie hat noch nicht den mathematischen Durchdringungsgrad erreicht wie die anderen Naturwissenschaften.

Das Sachgebiet „Biologie" ist umfangreicher und weniger klar umrissen, als es Physik und Chemie sind, denn es befasst sich mit nichts Geringerem als den Gesetzmäßigkeiten des Lebens. Allein die Menge, aber auch die Komplexität der Untersuchungsobjekte von Molekülstrukturen, über Zellen, Organen bis zu Organismen, führt zu vielen Teil- und Untergebieten der Biologie. Teilgebietsübergreifend entwickeln sich – ähnlich wie in der Physik – ein experimenteller und ein theoretischer Zweig der Biologie.

Besonders im Bereich der Theoretischen Biologie mit ihren Bezügen zu Physik, Chemie und Kybernetik wächst die mathematische Durchdringung des biologischen Wissens. Dieser Trend dürfte sich – nicht zuletzt aufgrund der Möglichkeiten moderner computergestützter Simulationen und Modelle – beschleunigt fortsetzen. Als Beispiel seien die Gentechnologie und „Gen-Software" sowie die mathematische Theorie der Fraktale zur Erklärung der Formenvielfalt von Pflanzen und Lebewesen genannt. Beide Disziplinen stützen sich auf mathematische Verfahren und digitale Daten und könnten ohne spezielle Computerprogramme keine praktischen Resultate erbringen.

Denn ohne die programmtechnische Aufbereitung und ohne leistungsfähige IT-Systeme wären viele mathematische Ansätze bloße Theorie, da erst die Kombination aus mathematische Logik und computerbasierter Berechnung das in den mathematischen Gleichungen verdichtete Wissen transformiert, verifiziert, visualisiert und praktisch anwendbar macht.

Auch die selbstlernenden künstlichen neuronalen Netze sind letztlich „nur" mathematische Modelle plus Computerprogramme, allerdings mit der Besonderheit, dass sie Entscheidungsregeln lernen und sich für bestimmte Aufgabenstellungen selbst optimieren. Im Ergebnis entstehen so Systeme, deren Fähigkeiten auf ausgewählten Gebieten die des Menschen nicht nur weit übersteigen, sondern deren Wirkungsweise und Entscheidungsregeln durch den Menschen nicht mehr vollumfänglich erklärt und nachvollzogen werden können. Noch stärker als heute wird man dann danach fragen müssen, wer für die Folgen des „Handelns" von Softwaresystemen verantwortlich ist, deren „Motivation" und Entscheidungsgründe wir nicht einmal mehr kennen.

Information auf Knopfdruck

Digitale Daten und Internetdienste werden dominant
Technik wird per Computer und via Internet gesteuert und überwacht

„Information at your fingertips" („Information auf Knopfdruck") lautet der Titel eines Vortrags von Bill Gates auf der Computermesse COMDEX im Jahre 1994[16]. Drei Technologien lassen die Vorhersagen wahr werden:

- das Internet
- Suchmaschinen und
- Mobiltelefon oder Smartphone

Innerhalb eines Jahrzehnts ist das Internet zu einem Massenmedium geworden. Sinkende Hardwarekosten bei steigender Leistung, schnelle Internetverbindungen und konstant niedrige Kosten beschleunigen diese Entwicklung. Personalcomputer und Mobiltelefon entwickelten sich zu Multimediageräten, deren digitalisierte Zahlen, Texte, Bilder,

---

[16] Bill Gates' Keynote Speech Fall/COMDEX Alladin Hotel, Las Vegas, Nevada Nov. 14, 1994

Töne, Filme oder Programme sich in gleicher Weise als Bitmuster verschicken und speichern lassen. Über Internet-Suchmaschinen können wir nicht nur Texte, sondern nahezu beliebige digitale Informationen weltweit finden und lokal nutzen. Mobile Telefone ermöglichen den Internetzugang ohne feste Ortsbindung.

Die Benutzung von Programmen geschieht fast schon unbewusst und wird als selbstverständlicher Teil der allgemein verfügbaren Infrastruktur betrachtet. Bildschirmgrafiken mit Echtfarben, nahezu unbegrenzter Speicherplatz und Maus oder Joystick zur Bedienung der Anwendung sind Standard, ihr Fehlen ein Mangel.

Wer sich dem Trend nicht anschließt oder ihm nicht folgen kann, muss mit wachsenden Einbußen der Lebensqualität rechnen. Denn das Dienstleistungsangebot per Internet verdrängt die lokalen Anbieter. Bankfilialen rentieren sich eben nicht, wenn die meisten Überweisungen elektronisch erfolgen. Betroffen sind alle informationsverarbeitenden Dienstleistungen, die traditionell mittels Formularen, Briefen, Bildern, Filmen, Telefonaten und persönlichen Gesprächen abgewickelt wurden. Neben dem Suchen und Bereitstellen von Informationen gehören dazu insbesondere jedwede Art an Online-Einkäufen und –Bestellungen.

Handwerksleistungen am Haus, eine neue Frisur oder die Reparatur des Autos erfordert hingegen physische Arbeit vor Ort. Sie können deshalb nicht einfach digitalisiert und in den Cyberspace verlegt werden. Wird man zum Beispiel in einer Second-Life-Buotique[17] mit ähnlichem Vergnügen stöbern und sogar kaufen können wie in einem realen Geschäft, fällt das Ergebnis beim Besuch eines virtuellen Restaurants spürbar unbefriedigender aus. Schließlich macht auch ein mehrstündiger Cyberspace-Aufenthalt hungrig und vom Lesen der virtuellen Speisekarte wird man nicht satt. Die Illusion endet, wo der leibliche Körper sein Recht fordert.

---

[17] Second Life ist eine virtuelle Welt, welche als permanente 3D-Animation von den Nutzern gestaltet wird

Dass Computer mehr sein können als eine Multimediazentrale, zeigen sie seit Anbeginn in der Industrie, wo sie Taktstraßen, Roboter und Werkzeugmaschinen steuern. Und auch das Wissen und die Lösungen, um per Haus-Computer die Beleuchtung, die Rollläden, das Radio und die Heizung zu bedienen, ist prinzipiell vorhanden. Was noch nicht die Masse der Haushalte erobert hat, sind preiswerte, standardisierte und robuste Bausätze, die man sukzessive an einen steuernden Rechner anschließen kann. Beispielsweise Module, die wesentliche Grundfunktionen bereitstellen und bei Bedarf erweitert werden können. In Verbindung mit dem Internet wäre dann die Kontrolle des „intelligenten" Hauses von jedem Ort der Erde, an dem es einen Internetanschluss gibt, möglich. Dann könnten wir uns nicht nur per Knopfdruck informieren, sondern auch umgekehrt Knöpfe und Schalter per Informationsübertragung betätigen.

Die Fähigkeit, aus der Ferne zu agieren, hat allerdings – wie jede Technik – auch Schattenseiten. Per Mobiltelefon fern gezündete Sprengsätze und der Einsatz von Kampfrobotern lassen erahnen, was möglich sein wird.

Mobile Endgeräte und intelligente, sensorbestückte und vernetzte Dinge des täglichen Lebens sind Teil einer technischen Infrastruktur, die permanent Unmengen an Informationen produziert, austauscht, speichert und auswertet. Jeder Teilnehmer am weltweiten Informationsaustausch konsumiert und liefert Information, aber nur sehr wenig große Mitspieler wie Google, Amazon, Facebook oder Apple haben Zugriff auf Milliarden von persönlichen Daten, aus denen sie Kapital schlagen können.

Als Anker der Kundebeziehung und als Datenkrake fungiert das IT-gestützte Kundenkonto, welches die Daten und Aktivitäten eines Benutzers bündelt, sobald sich dieser über eine Anwendung oder ein Endgerät mit dem Kundenkonto verbunden hat. Und weil als Identifier des Kundenkontos in der Regel eine gültige E-Mail-Adresse fungiert, kann sein Nutzer von Anfang an kontaktiert werden.

Parallelwelten

Wissen, Glaube und Aberglaube existieren weiterhin gleichzeitig
Ein Wissensschub in Politik, Ethik und Moral wird gebraucht

Da die Verbreitung und Nutzung der gleichen modernen Technologien und Produkte die Menschen nicht automatisch einander angleicht, transportiert des Internet sowohl neue Erkenntnisse als auch Jahrtausende altes Gedankengut rund um den Erdball und trägt auf diese Weise die lokalen Eigenheiten, Ansichten und Konflikte aller Weltregionen ins global vernetzte Dorf. In diesem gelten zwar dieselben technischen Standards und Normen, geistig gleicht es aber einem Flickenteppich, und nicht ansatzweise ist zu erkennen, wie sich gegenseitig ausschließende Erkenntnisse und Überzeugungen zu einer gemeinsamen, ganzheitlichen Weltsicht fügen könnten.

Modernste, auf rationalem naturwissenschaftlich-technischem Denken gegründete Technik trifft heute auf Jahrtausende alte Sitten, Wertvorstellungen und Bräuche. Doch trotz ihrer logischen Widersprüche scheinen die geistigen Parallelwelten mit eigenem Wissen und eigenen Regeln innerhalb einer Gesellschaft und in den Köpfen der Menschen miteinander vereinbar zu sein.

Die Gleichzeitigkeit und Koexistenz an sich unvereinbarer und widersprüchlicher Anschauungen ist nicht neu, denn Aber- und Götterglaube war in alten Hochkulturen wie dem Ägyptischen und dem Römischen Reich mit ihren – für die damalige Zeit - technischen Spitzenleistungen die Regel.

Neu ist aber die Einsicht, dass die gigantische Menge an gesicherten Erkenntnissen der Natur- und Technikwissenschaften sowie der Mathematik die Ansichten und Denkgewohnheiten der Menschen weit weniger zu verändern vermögen als ihre materiellen Lebensbedingungen. Zwar werden die Errungenschaften und Gesetzmäßigkeiten der exakten Wissenschaften und der Technik wie Werkzeuge genutzt, doch bleibt das Bekenntnis zu wissenschaftlichen Methoden und Aussagen häufig auf den speziellen Zweck begrenzt. Denn unabhängig von den Sachzwängen der technischen Infrastruktur gibt es ausreichend Freiräume für Irrationales, Spirituelles und Übersinnliches, in denen andere Gesetze, als die der Natur und der Logik regieren. Öffentliche und private Inseln des Wissens, der Unwissenheit und des Scheinwissens entwickeln sich unabhängig voneinander, und nur wenige Menschen scheint das zu stören.

Ich habe in diesem Buch für Naturwissenschaft und Technik, die Mathematik und für deren Methoden geworben. Nicht allein, weil sie das Wissen zum Ausbau und Erhalt unserer technischen Zivilisation liefern, sondern auch, weil sie die Beliebigkeit der Meinungen und Ansichten begrenzen.

Da dies nicht immer gewünscht wird oder explizit vermieden werden soll, konkurrieren und koexistieren wissenschaftliche Anschauungen mit „unscharfen" Gefühlen, Wertvorstellungen, Annahmen, Spekulationen, Irrtümern, Halbwahrheiten und Lügen. Denn solange man Zusammenhänge nicht versteht oder bewusst ignoriert, braucht man sich um Widersprüche nicht zu scheren. Ob $2 + 2$ gleich 3, 4 oder 5 ergibt, ist dann nicht länger eine Frage der Mathematik, sondern der Zweckmäßigkeit beziehungsweise der Moral, deren Werte und Normen vorgeben, in welchem Maß der Zweck die Mittel heiligen darf.

Doch weder die Natur, noch die Naturwissenschaften und auch nicht der wissenschaftlich-technische Fortschritt mit seinen materiellen Errungenschaften schenken uns ein objektives Wertesystem, das alle Menschen glücklich macht, jedem gerecht wird und - darüber hinaus - die Erhaltung unserer Art und unseres Lebensraums sichert. Und ebenso wenig scheint es eine - die gesamte Menschheit umfassende - große und gute Emotion zu geben, die – einmal geweckt - Ausbrüche von Gewalt und Hass zügelt und die globalen Probleme der Menschheit lösen hilft.

Da uns weder eine vorsorgliche Umwelt noch eine gütige Vorsehung vor uns schützt, müssen wir das selbst tun. Und die Zeit drängt!

Denn der Mensch hat zwar in materieller Hinsicht die zugige Höhle seiner Vorfahren verlassen, doch moralisch sitzt allzu oft noch Fell bekleidet am Lagerfeuer, und der Speer in der Hand wäre seinen unkontrollierten Emotionen und irrationalen Verhaltensmustern vielfach angemessener als Raketen mit Atomsprengköpfen.

Dem wissenschaftlich-technischen Fortschritt mit seinen enormen konstruktiven, aber auch zerstörerischen Möglichkeiten, ist bislang kein vergleichbarer Wissensschub und Fortschritt in Politik, Ethik, Moral und Vernunft gefolgt.

Dies zu leisten, steht noch aus.

6. Literaturverzeichnis

[1] Polanyi, M.: Implizites Wissen. Suhrkamp, 1985;

[2] Ryle, G.: The Concept Of Mind. London, Hutchinson, 1949 (Der Begriff des Geistes. Aus dem Englischen übers. v. Kurt Baier. Stuttgart: Reclam, 1969.)

[3] Bohn, Roger E.: Measuring and Managing Technological Knowledge, in: Solan Management Review, Vol. 36, Herbst 1994, S. 61-73

[4] Meinhold, G.: Die Informationsbarriere oder Die Lüge stirbt zuletzt, BOOKS on DEMAND, 2018

Weitere Bücher von Günther Meinhold

Der einzige Schutz vor dem größtmöglichen Desaster besteht häufig allein in der Unfähigkeit der Organisation, die Pläne und Befehle ihrer Führung umzusetzen.

Günther Meinhold

© 2018 Dr. Günther Meinhold
Herstellung und Verlag:
BoD – Books on Demand, Norderstedt

ISBN: 978-3-7460-9401-4

Das Buch "Die Informationsbarriere" handelt von hierarchischen Organisationen und deren Verfall infolge zunehmender Informationsverfälschung sowie von Menschen, die den Niedergang herbeiführen und darunter zu leiden haben. Die selbst verschuldeten Schieflage von Unternehmen, der planlose Verlauf der Energiewende und die EURO-Krise beruhen zu einem nicht geringen Teil auf Fehleinschätzungen mangels wahrer Informationen und Sachkenntnis sowie dem bewussten Vertuschen absehbarer Risiken und Fehlentwicklungen. Und auch die unkontrollierte Öffnung der deutschen Grenzen in der Flüchtlingskrise sowie die darauffolgende staatliche Werbekampagne und Manipulation der Bevölkerung im Sinne der ausgerufenen Willkommenskultur zeigen alle Merkmale und Begleiterscheinungen einer im Niedergang befindlichen Ordnung. So berechtigt Kritik an einzelnen unfähigen oder machtgierigen Leitfiguren ist, sind deren persönliche Verfehlungen jedoch nicht die eigentliche Ursache von Desastern im großen Stil, sondern erst das Beziehungsgeflecht und die wechselseitigen Abhängigkeiten zwischen Menschen und Organisationen, befördern, verstärken und vervielfachen die Fehler Einzelner und lassen sie im schlimmsten Fall zu globalen Krisen anwachsen.

Verlag: Engelsdorfer Verlag;

ISBN-10: 3954882477
ISBN-13: 978-3954882472

Egon und Kim arbeiten beide als Verkäufer von hoch spezialisierten, hochwertigen und nicht ganz billigen Industriewaschmaschinen. Mit einem Unterschied: Kim entspricht perfekt den Vorstellungen des Chefs von einer Spitzenverkäuferin, und Egon eben nicht. Deshalb brütet Egon auch über einem Buch, dessen Studium - so die Hoffnung seines Chefs - seinen Abstand zu Kim von Unendlich auf Sichtweite verringern soll. Egons praktische Erprobung der Tipps und Ratschläge der Pflichtlektüre führt zu mancherlei Missverständnissen und Pannen mit ungewollter Komik, zu unerwarteten Einsichten und Erfolgserlebnissen und immer wieder zu Begegnungen mit Kim, dem strahlenden Vorbild, dem es nachzueifern gilt. Die Geschichten von Egon und Kim, den beiden völlig verschiedenen, aber gleich sympathischen Hauptpersonen, sind humorvoll, kurzweilig und amüsant und außerdem erfährt der Leser noch, warum man Westen besser im Osten weiß wäscht, weshalb es gefährlich sein kann, die Putzfrau zu loben, wieso Frösche im Tiefflug unterwegs sein sollten und vieles mehr.

IT-Landschaften besitzen aufgrund ihrer umfangreichen Funktionalität selbst im Idealfall eine hohe, nicht reduzierbare, weil notwendige Komplexität. Da aber ein Ideal nur das theoretisch mögliche aufzeigt und praktisch nie erreicht wird, sind Business und IT immer komplexer als sie es im besten Fall zu sein bräuchten. Die Notwendigkeit von Komplexität und das Erfordernis, sie zu beherrschen und einzudämmen, macht sie zum Wesen und Fluch des Digitalen Business. Komplexitätsreduzierung gehört deshalb zu den Zielen eines jeden IT-Großprojektes und erst recht einer Digitalen Transformation. Den Ankündigungen, die Komplexität von IT-Systemen, Geschäftsprozessen und Produkten zu verringern, fehlt allerdings häufig die Messlatte, an der sich Erfolg oder Misserfolg ablesen lassen. Die Schwierigkeiten beginnen bereits bei der Definition des Begriffs *Komplexität*, die vage und unbestimmt bleibt. Doch was man nicht klar definiert hat, kann man nicht messen und bewerten. Und was man nicht messen und bewerten kann, kann man nicht managen. Um besser zu verstehen, welche Art von Komplexität für eine IT-Landschaft unentbehrlich ist und welche lediglich die Kosten treibt oder Änderungen zum unkalkulierbaren Risiko werden lässt, brauchen wir ein konzeptionelles Fundament. Ein solches stellen wir in diesem Buch vor. Seine Methoden, Kennzahlen und Visualisierungen sind geeignet, die Komplexität von Geschäfts-komponenten, IT-Systemen und ihrer wechselseitigen Kopplung in systematischer Weise zu erfassen und vergleichbar zu machen. So erhalten Manager, IT-Architekten, Unternehmens-Architekten und Projektleiter das Rüstzeug, um die Komplexität des Digitalen Business konstruktiv zu managen.